BusinessVillage

Markus Hörndler

77 magische Bilder, die dich stärker machen

Das inspirierende Motivationsbuch

BusinessVillage

Markus Hörndler
77 magische Bilder, die dich stärker machen
Das inspirierende Motivationsbuch
4. Auflage 2025

Bestellnummern
ISBN 978-3-86980-731-7 (Druckausgabe)
ISBN 978-3-86980-732-4 (E-Book, PDF)
ISBN 978-3-86980-733-1 (E-Book, epub)
Direktbezug unter www.businessvillage.de; PD-1186

Bezugs- und Verlagsanschrift
BusinessVillage GmbH
Reinhäuser Landstraße 22
37083 Göttingen
Telefon: +49 (0)5 51 20 99–1 00
E-Mail: info@businessvillage.de
Web: www.businessvillage.de

Layout und Satz: Sabine Kempke

Autorenfoto: Sabine Wieser

Druck und Bindung: www.aalexx.de, Großburgwedel

Inhalt

Hinweis

Zur besseren Lesbarkeit wird in diesem Buch das generische Maskulinum verwendet. Die in diesem Buch verwendeten Personenbezeichnungen beziehen sich – sofern nicht anders kenntlich gemacht – auf alle Geschlechter.

Über den Autor

Markus Hörndler ist ein außergewöhnlicher Mentaltrainer im deutschsprachigen Raum und Meister seines Faches. Mit nur einundzwanzig Jahren gründete er die Firma Hörndler Consulting e.U. und stieg bereits im jungen Alter in die Trainingsbranche ein. Bis heute ist er als Geschäftsführer und Unternehmensberater im Personalmanagement tätig. Sein Wissen gab Markus Hörndler bereits in unzähligen Impulsvorträgen, Workshops, Trainings und Einzel- beziehungsweise Teamcoachings in Firmen und Institutionen weiter. Der Experte für mentale Stärke und Spitzenleistungen trainiert(e) erfolgreich Führungskräfte, Vertriebsleiter, Manager, Vorstände und Unternehmer, wobei hier die Persönlichkeit eines Menschen und dessen Weiterentwicklung für ihn immer im Vordergrund stehen. Er ist also ein Trainer, der es auf den Punkt bringt.

Kontakt

Web: www.hoerndler-consulting.at

E-Mail: office@hoerndler-consulting.com

Dieses Buch will dich berühren, nicht belehren

Stell dir vor, in zwei Wochen musst du deinen ersten Vortrag vor über dreihundert Menschen halten. Du verspürst Angst, bist nervös, unruhig und dein Herz pocht durchgehend. Dein Körper spielt verrückt, du bekommst Kopfschmerzen und Durchfall. Du wünschst dir, dass diese Rede endlich vorübergeht.

Plötzlich ist es so weit, der große Tag steht bevor. Du kommst am Veranstaltungsort an und beobachtest, dass viele Menschen in den Vortragssaal strömen. Dreihundert Sessel wurden aufgestellt und jeder Sitzplatz ist belegt. Du wirst vom Veranstalter angekündigt; dein Auftritt beginnt. Du gehst langsam auf die Bühne hinaus, schaust nach links, danach nach rechts. Im Publikum nimmst du eine große Menschenmenge wahr. Du spürst körperliche Reaktionen, ein einengendes Gefühl kommt in dir hoch. Du hast Angst zu versagen.

Mir ging es bei der Vorbereitung zu meinem ersten Vortrag ganz genauso. Die zwei Wochen vor dem Auftritt waren für mich der blanke Horror. Ich habe es allerdings dann doch geschafft, dass ich mit Sicherheit und Begeisterung auf der Bühne stand. Ich war voller positiver Energie und begann voller Motivation, ruhig und gelassen zu sprechen. Am Ende holte ich mir einen fast nicht enden wollenden Applaus ab, denn mein Auftritt kam sehr gut an. Das Publikum nahm nichts von meiner Unsicherheit im Vorfeld wahr. Damals wusste ich es noch nicht, aber genau dieser Vortrag war der Startschuss in meine berufliche Karriere als Mentaltrainer, Speaker und Unternehmensberater.

Was war passiert? Wie konnte ich Angst, Kopfschmerzen und Durchfallsymptome überwinden? Was habe ich in diesen zwei Wochen gemacht? Ich machte etwas, das vor mir schon andere große Redner getan haben: Ich trainierte die Vortragssituation immer wieder im Kopf durch und machte mentale Übungen. Der anschließende Erfolg beim Publikum war für mich dann der perfekte Beweis, dass mentale Techniken eine sehr nützliche Sache sind und vor allem, dass sie funktionieren.

Bereits mit vierzehn Jahren begann ich, erfolgreiche und mental starke Menschen zu beobachten und ihre Verhaltensweisen zu studieren. Dabei entdeckte ich Strategien und ein Schema, das jeder erlernen kann. Mir wurde schnell klar, dass mentale Stärke erlernbar ist.

Ich habe meine Leidenschaft zum Beruf gemacht und im Jahr 2008 den Schritt in die Selbstständigkeit gewagt. Seitdem ist es mir eine Freude, diese Techniken an andere Menschen weiterzugeben.

Früher ließ ich mich oft von gesellschaftlichen Erwartungen unter Druck setzen. Ich litt unter Redeangst, geringem Selbstbewusstsein und Versagensängsten, die mich täglich begleiteten. Meine Kindheit war von Schüchternheit und Nervosität geprägt.

Ein Jahr vor meiner Firmengründung fand ich mein Erfolgsgeheimnis: Viele Menschen besitzen zwar schon das generelle Wissen, allerdings scheitern die meisten Zeitgenossen an der Anwendung. Es heißt zwar, dass Wissen Macht sei, aber das stimmt so nicht. Wissen ist erst dann eine Macht, wenn wir das Gelernte auch im Leben wirklich umsetzen! Ich erlebe diese einfache, aber gerne übersehene Wahrheit bis heute nahezu täglich. So wurde diese zentrale und essenzielle Botschaft mein ständiger Begleiter. Die Fähigkeit zum Umsetzen, die Fähigkeit zum Tun ist eine Schatzkiste von unvorstellbarem Wert.

Es wäre ratsamer, weniger Bücher zu konsumieren und stattdessen sich bei jedem neuen Wissensbaustein, der uns erreicht, zu hinterfragen, wie dieses neue Wissen genutzt werden kann und vor dem Verschlingen weiterer Bücher Schritte in Richtung einer Nutzung zu gehen. Mache dir diesen Umstand bewusst und schau genau hin, wenn du dieses Buch liest. Du wirst nicht nur Neues entdecken, sondern auch von Dingen lesen, die du bereits kennst oder von denen du schon mindestens einmal gehört hast. Die Höhe des Nutzens, den du aus diesem Buch ziehen kannst, wird aber nicht in dem Entdecken neuer Zusammenhänge bestehen, sondern darin, was du tatsächlich mit diesem Wissen anstellst. In diesem entscheidenden Punkt trennt sich die Spreu vom Weizen. Wenn du die Botschaften dieses Buches auswendig lernst, dann verfügst du über Wissen. Wenn du aber bei jedem der siebenundsiebzig magischen Bilder auf die Schatzkiste der Umsetzung achtest, dann wird sich dein Leben sehr positiv verändern. Das verspreche ich dir.

Ich wurde schon oft gefragt, wann und wodurch ich meine Leidenschaft für Zeichnungen und die Kraft der Bilder entdeckt habe. Die Wahrheit ist nicht nur schmeichelhaft. Denn in der Schule war ich ein schlechter Zeichner. Meine Noten in diesem Fach hielten sich in Grenzen. Und nun hältst du ein Buch mit selbstgezeichneten Bildern von mir in der Hand. Wie passt das zusammen? Ein anderer Teil der Wahrheit ist aber auch: Wenn wir im Leben etwas finden, was uns wirklich Spaß macht, dann können wir es auch lernen. Ich lernte das Zeichnen gewissermaßen nebenbei. Ich besuchte zufällig in Linz mit meinem Vater einen Vortrag über Flipchartgestaltung. Das Thema fesselte mich ab der ersten Sekunde. Ich absolvierte weitere Workshops, las Bücher über Zeichenkünste und fing dabei an, meine ersten Flipcharts zu entwerfen. Mit wenigen kleinen Strichen schaute das Bild gleich viel freundlicher aus.

Und ich merkte, dass die Menschen Bildersprache lieben. Über viele Jahre hinweg zeichnete ich ein Bild nach dem anderen. Von der Idee bis zur Umsetzung vergehen unzählige Stunden, bis eine solche Zeichnung dann tatsächlich auf einem Flipchartpapier entsteht. Es gab jedoch Tage, an denen ich Ideen wieder verworfen habe.

Ich sage Danke für die täglichen Begegnungen mit unterschiedlichen Menschen, deren Probleme oder Erfahrungen mich auch zu großartigen Motiven inspirieren ließen. Es gibt in Wahrheit keinen Tag im Leben, an dem ich nicht von anderen Menschen etwas lernen kann, sofern ich es nur zulasse. Meine Einstellung ist immer der Schlüssel, ob ich voranschreite oder eben nicht.

Meine Zeichenkünste wurden stetig besser und vor allem erlebte ich über sie eine unvorstellbare Resonanz. Mit den Zeichnungen gelang mir der große Durchbruch in den sozialen Medien. Dafür bin ich dankbar. Es gab einzelne Bilder, die innerhalb kürzester Zeit eine Reichweite von weit über einer Million Aufrufe schafften. Was mir bei diesem Erfolg aufgefallen ist? Jeder nimmt das Bild und den Gedanken, der in dem Bild steckt, anders wahr. Denn wir haben im Laufe unseres Lebens unterschiedliche Erfahrungen gesammelt. Wir haben unsere eigene Sicht der Dinge entwickelt. Nimm dir daher Zeit und überlege, wie du das Bild zeichnen würdest? Auf welche Punkte legst du besonders Wert und was würdest du vielleicht sogar anders machen?

Das Buch will dich inspirieren, dir Gedanken über dich selbst zu machen. Auch wenn sich dieses Buch schnell durchblättern lässt, so will es doch etwas ganz anderes. Es möchte dir Wege zu dir selbst aufzeigen. Daher nimm dir bitte Zeit. Du bestimmst dein Tempo und die Reihenfolge beim Lesen. Manchmal ist allerdings weniger mehr. Meine Empfehlung ist, nicht zu viel auf einmal an Impulsen aufzunehmen, sondern zuerst die Botschaft eines jeden einzelnen magischen Bildes wirken zu lassen. Vielleicht nimmst du dir nur ein Bild pro Tag vor. Oder du startest in der Reihenfolge durcheinander. Wenn du einmal einen schlechten Moment hast, greife zum Buch und hol dir ein Stück Motivation. Die Möglichkeiten, die du mit diesem Buch hast, sind vielfältig. Wähle deinen eigenen Weg und wähle den Weg, der zu dir am besten passt.

Viel Spaß und Vergnügen beim Lesen!

P.S.: Mache dir immer wieder bewusst: Die größte Schatzkiste ist die Schatzkiste der Umsetzung!

LOS GEHT'S
#HÖRNDLER CONSULTING

1.

Anfangen

HEUTE IST EIN GUTER TAG, UM EINEN GUTEN TAG ZU HABEN!
#HÖRNDLER CONSULTING

Gute Laune bringts

1

Du schaust in der Früh aus dem Fenster. Es ist trüb und alles ist nebelverhangen. Regenwetter zieht auf. Du ärgerst dich maßlos darüber und denkst, wie schlimm denn der heutige Tag noch werden wird. Deine Stimmung sinkt in den Keller und du beginnst den Tag schlecht gelaunt.

Anders bei Kindern, die das Wetter einfach annehmen. Sie erfreuen sich am Regen, denn auch Regen kann Spaß machen. Mit Anlauf und voller Wucht springen sie in die nächste Pfütze hinein. Sie machen das Beste daraus und genießen den Moment. Sie entdecken die Vorteile des Regens. – Eine Ausgangssituation, doch zwei Sichtweisen, die unterschiedlicher nicht sein könnten. Wie positiv oder negativ du eine Situation bewertest, wie positiv oder negativ deine Stimmung ist, hat viel mit dir, mit deinen Erwartungen und deiner Einstellung zu tun.

Deine Erwartungshaltung bestimmt den Verlauf eines Tages. Dein Start in den Tag hinein beeinflusst den weiteren Verlauf. Du kannst dich positiv oder negativ stimulieren. Meine Empfehlung: Bringe dich gleich am Morgen in eine fabelhafte Stimmung. Sage zu dir: Heute ist ein guter Tag, um einen guten Tag zu haben. Ein neuer Tag hat viele Möglichkeiten und das Potenzial, erfreuliche Erinnerungen zu sammeln. Nutze auch die Kraft der Gedanken und stecke dein soziales Umfeld mit positiver Laune und mit aufbauenden Worten an. Die gute Laune kommt dann auch wieder zu dir zurück.

Was bringt dich am frühen Morgen in gute Stimmung? Musik, ein gutes Frühstück, Rituale, ...?

ICH MAG MENSCHEN, DIE ÜBERALL WAS FINDEN, DAS SIE FASZINIERT
VIEL NÜTZLICHER ALS MENSCHEN, DIE STÄNDIG…
HÖRNDLER CONSULTING
KRITISIEREN
NÖRGELN
NEGATIV SIND
UND …
„SCHLECHT"

Faszination erleichtert das Leben 2

Denken wir doch an die Kinder, die noch versuchen, das Leben mit Neugierde zu entdecken. Sie finden große Begeisterung für kleine Dinge. Wow, endlich ein neuer Bagger. Voller Freude nehmen sie das Spielzeug in die Hand und finden große Faszination daran. Mit strahlenden Kinderaugen beschäftigten sie sich unzählige Stunden ohne Langeweile mit dem Bagger. Mit der Zeit verlernen wir immer mehr, die Leidenschaft in uns zu finden. Immer mehr übernehmen wir die negative Sichtweise auf das Leben.

Du verbringst besser Zeit mit Persönlichkeiten, die faszinierende Dinge sehen, als mit Menschen, die dich durchgehend bekritteln. Nicht zu verwechseln mit konstruktiver und wertschätzender Kritik. Ehrlich gemeintes Feedback hilft bei der Entwicklung und ist wichtig im Alltag. Es ist aber nicht sinnvoll, laufend zu nörgeln, ohne Verbesserungsvorschläge zu machen.

Die Welt benötigt inspirierende Menschen, die uns Mut zusprechen. Sie braucht Personen, die Begeisterung ausstrahlen und mit Überzeugung an sich glauben.

Wie oft bist du am Tag fasziniert von kleinen Dingen? Wann hast du vor lauter Leidenschaft strahlende Kinderaugen? Finde morgen bewusst zwei Sachen, die dich begeistern.

3 Einfach beginnen!

Franz hat sich das Ziel gesetzt, in drei Monaten einen Marathon zu laufen. Am nächsten Tag nimmt er sich fest vor, dass er heute als Trainingsbeginn die zehn Kilometer langsam um den See läuft. Bei der Arbeit hat er einen stressigen Tag mit unzähligen Problemen und Schwierigkeiten. Er kommt müde am Abend zu Hause an. Sein Kopf ist überzeugt, dass er diese erste Einheit auch morgen erledigen kann. Das Wetter passt im Moment auch gar nicht. Er hat doch noch ausreichend Zeit zum Trainieren. Von Tag zu Tag verschiebt er immer wieder seine Laufeinheiten.

Stell dir vor, er wagt trotz der Müdigkeit und des Regenwetters den Schritt hinaus und fängt einfach an zu laufen. Gleich nach dem Start ist er so in die Trainingseinheit vertieft, dass er nur mehr die Freude und die frische Luft spürt. Er läuft locker und mit Begeisterung die zehn Kilometer. Das Erfolgserlebnis motiviert ihn und der Bann ist gebrochen. An den weiteren Tagen folgen die nächsten Trainingseinheiten. Seine Aufgabe wird immer leichter.

Jeder kennt das Phänomen. Unangenehme Angelegenheiten schieben wir gerne auf. Du siehst einen großen Berg vor dir, der dich davon abhält, zu starten. Was kannst du in ähnlichen Situationen tun? Akzeptiere, dass sich der Beginn großer Aufgaben oft unschön anfühlt. Bei den meisten Menschen ist das jedenfalls so, selbst bei wirklich erfolgreichen. Der Unterschied zu weniger Erfolgreichen besteht bei diesen nur darin, dass sie tatsächlich anfangen. Mache es ihnen gleich.

Es geht fast immer nur um den ersten Schritt.

WIE SICH EINE SCHWERE AUFGABE ANFÜHLT ...
VOR BEGINN !
HÖRNDLER CONSULTING
SONNE
NACH BEGINN DER UMSETZUNG !
YES! GEHT DOCH!
NACH EINER KURZEN ZEIT!

Die Sache mit den Lebenszielen

Je älter wir werden, desto mehr wird uns bewusst, dass es im Leben nicht nur um materielle Dinge, um Geld, Karriere, Luxus oder Macht geht. Was zählt, sind die unvergesslichen Momente, die wir tagtäglich erleben. Tage, an denen wir glücklich und zufrieden waren. Denn schöne Erinnerungen bleiben uns ein Leben lang im Gedächtnis. Letztlich sind es die Augenblicke, die uns kraftvolle Energie schenken.

Ja, es gibt einige Punkte, die sich einander nicht ausschließen. Denn wenn wir den Träumen folgen, weil es unser absolutes Herzensthema ist, steht einem positiven Karriereweg dennoch nichts im Wege.

Fokussiere auf Dinge, die dich glücklich machen. Es sind die Momente, in denen du lachst, in denen du die innere Freude spürst, in denen du mit Begeisterung einer Tätigkeit nachgehst, die immer in deinem Herzen bleibt.

Im Alltag gibt es nicht den perfekten Weg. Im Bild geht es nicht darum, dass du den genannten Zielen exakt folgst. Dieses magische Bild will dich vielmehr anregen, über dich und deine persönliche Liste an Lebenszielen nachzudenken. Wenn dich Geld und Reichtum glücklich machen und dein persönlicher Antreiber sind, dann ist das übrigens auch vollkommen in Ordnung. Es geht nur darum, dass du eine für dich passende Zielliste findest und annimmst.

Gestalte dir deine eigene Liste mit den Lebenszielen. Was willst du in deinem Leben erreichen? Was ist dir auf deinem persönlichen Lebensweg wichtig?

LEBENSZIELE
GLÜCKLICH
1. REICH SEIN
MEINEN TRÄUMEN FOLGEN
2. KARRIERE MACHEN
ERINNERUNGEN
3. SCHÖNE DINGE SAMMELN
MICH SELBST
4. ANDERE BEEINDRUCKEN
TATSÄCHLICH
5. IM LUXUS LEBEN
6. ...
HÖRNDLER CONSULTING

MACHEN
HÄTTE
WÜRDE
KÖNNTE
SOLLTE
MÜSSTE
#HÖRNDLER CONSULTING

Mit guten Vorsätzen einfach anfangen 5

Du kennst bestimmt die typischen Vorsätze für das neue Jahr. Wir können es kaum mehr erwarten, dass das neue Jahr beginnt, denn dann achten wir bewusst auf den Körper und hören endlich mit dem Rauchen auf. Dann sind wir bereit, den Schritt in die Selbstständigkeit zu wagen. Im Jänner realisieren wir den Traum von den eigenen vier Wänden. Solche oder ähnliche Vorhaben sind schnell zu hören. Der Jänner vergeht und wir verschieben die Realisierung der Vorsätze. Die bittere Realität holt uns spätestens im Februar ein. Wir merken, dass bereits viele oder alle Vorsätze vom Tisch sind. Wir scheitern nicht am Wollen, sondern daran, anzufangen.

Was braucht es, damit wir starten? Mut und ein inneres Bedürfnis, den ersten Schritt zu wagen. Das Gehirn versucht, Anstrengungen und neue Wege zu vermeiden, denn beides benötigt Energie und die versucht, unser Unbewusstes bei jeder Gelegenheit einzusparen.

Wie kommen wir aus dem Dilemma? Die Umsetzung großer Vorhaben benötigt einen außergewöhnlichen Veränderungsdrang. Der Antrieb zum Abnehmen beispielsweise muss höher sein als der bequeme Zustand, doch lieber nichts zu unternehmen. Stell dir im Kopf vor, wie es sich mit der neuen Situation anfühlt. Mit welcher Leichtigkeit du dann durch das Leben gehst. Stell dir vor, wie viel mehr Spaß das Wandern macht, wenn du zehn oder zwanzig Kilo weniger mit dir herumträgst. Je konkreter, umso besser, denn dein Gehirn liebt Erlebnisse. Diese innere Bildersprache treibt dich an.

Überlege dir einen Plan, wie du tatsächlich ins Handeln kommst. Welche konkreten Maßnahmen unternimmst du? Wie kannst du dich für das Anfangen belohnen?

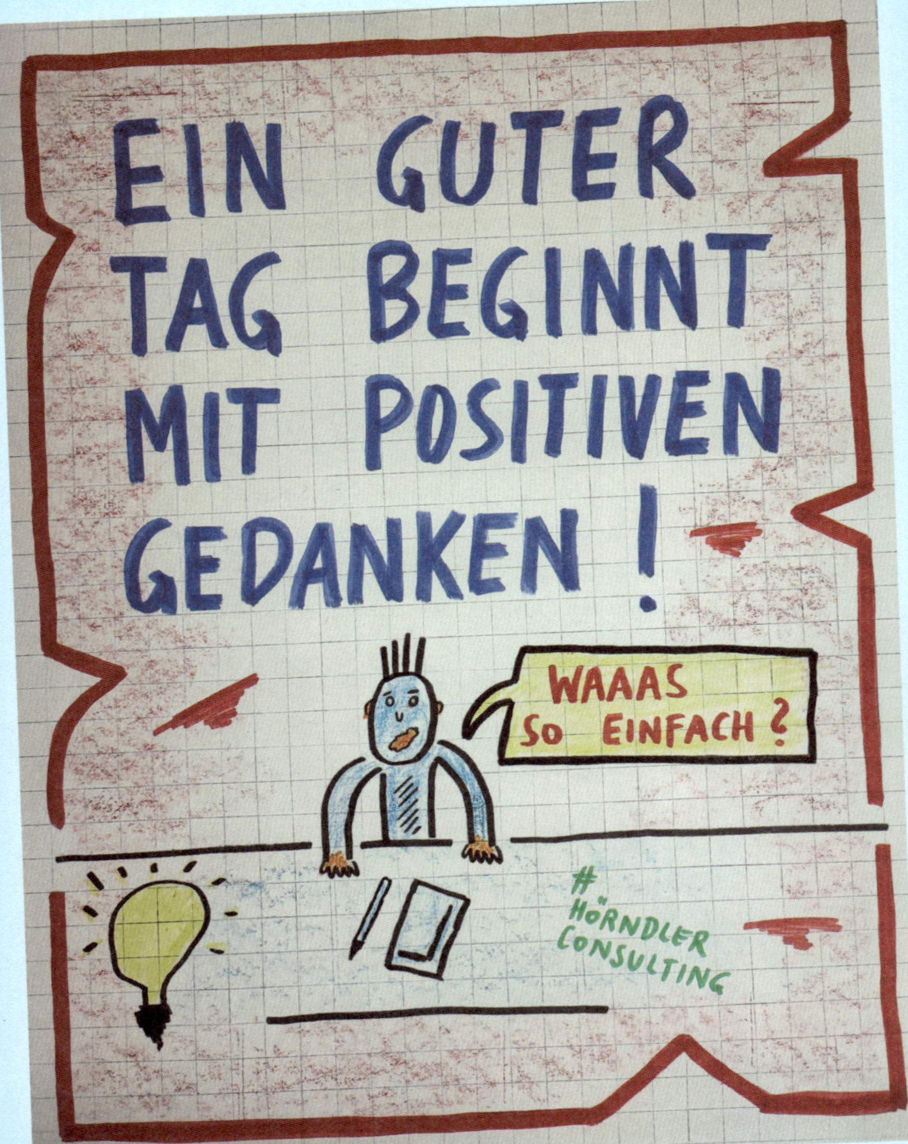
EIN GUTER TAG BEGINNT MIT POSITIVEN GEDANKEN!
WAAAS SO EINFACH?
HÖRNDLER CONSULTING

Ein guter Tag beginnt mit positiven Gedanken

Du kennst das Gefühl, wenn in der Früh der Wecker läutet. Die Laune hält sich in Grenzen, da deine Gedanken sofort bei der Arbeit sind, wo dich ein ungelöstes Problem erwartet. Allein der Gedanke an den bevorstehenden Tag macht das Aufstehen schwerfällig. Du kommst nicht wirklich in die Gänge. Am Frühstückstisch angekommen, ärgert dich eine weitere Situation, die sich gerade innerhalb der Familie abspielt. Es ist ein Teufelskreis, der sich durchzieht. Ein guter Start in den Tag sieht anders aus.

Stell dir vor, der Tag wird mit einem positiven Gefühl gestartet. Deine ersten Gedanken in der Früh richten sich gleich auf ein erfreuliches Ereignis. Du freust dich auf den heutigen Tag, da dich ein gemeinsames Frühstück mit der Familie erwartet. Der Informations- und Gedankenaustausch bereichert dich. Dementsprechend gut gelaunt und optimistisch gehst du in den Arbeitstag und du bist bereit für neue Herausforderungen, die dich heute erwarten.

Es liegt an dir, mit welchen Gedanken und mit welcher Denkweise du den Tag startest. Eine negative Grundstimmung erzeugt negative Erlebnisse. Starte den Tag mit positiven Gedanken. So einfach ist das. Der Zusammenhang zwischen positiver Stimmung, positiven Emotionen und Erfolg ist unumstritten. Wir sind dann leistungsfähiger, lösungsfähiger, glücklicher und auch der Körper dankt es uns.

Positive Haltungen stärken nicht nur deine Psyche, sondern auch dein Immunsystem.

2.

Die Kraft des Miteinander

 Wörter, die das Herz öffnen

Kommunikation beeinflusst unser Wohlbefinden. Es sind zweifellos die kleinen liebevollen Gesten, die uns im Miteinander guttun. Ein Lächeln am Morgen ist ansteckend. Wenn du dich mit einem Freund oder Kollegen triffst, sei pünktlich. Wenn jemand dir eine Frage stellt, sei immer freundlich, auch wenn du gerade besonders viel um die Ohren hast. Denn: Oftmals merken Menschen gar nicht, wie intensiv sie im Alltagstrott eingebunden sind. Eine Vielzahl von Aufgaben, Zeit- und Termindruck lassen Stress entstehen. Das klare Denken fällt dann schwer. Wir sind in unseren Emotionen und Stimmungen gefangen. Wir nehmen unsere Umgebung nicht mehr richtig wahr und messen den so wichtigen kleinen Gesten keine Bedeutung zu.

Einfache Gesten mit den Worten »bitte«, »danke« oder »gerne« sind wahre Zauberwörter. Sofern sie nicht nur daher gesagte Floskeln sind, sondern authentisch von Herzen kommen. Denn es macht einen Unterschied, ob sich ein Abteilungsleiter einen Report von einem Mitarbeiter einfach nur geben lässt oder ob er sagt: »Danke, für Ihren Bericht, Herr Schmidt!« Es macht einen Unterschied, wenn der Kellner auf die Frage, ob man bestellen möchte, sagt: »Ja. Gerne. Ich komme sofort« oder schlicht nur »Ja«.

Was aber eigentlich zählt, sind nicht die Worte, sondern die Haltung hinter den Worten. Wenn es dir wichtig ist, wie deine Mitmenschen sich fühlen, dann wirst du gerne mit »danke«, »bitte« oder »gerne« positive Gefühle beim Gegenüber auslösen.

Ist dir die Bedeutung von einfachen Gesten und Worten bewusst?

VERFRISCHENDE MENSCHEN WISSEN NOCH, WIE MAN „DANKE", „BITTE" UND „GERNE" SAGT!
#HÖRNDLER CONSULTING
BITTE
DANKE
GERNE

 Positive Sprache verändert vieles

Worte haben zuweilen die Fähigkeit, tief verletzend zu sein und alles zu zerstören. Sie haben auch das Potenzial, kraftvolle Energie zu geben. Eine dauernde negative Sprache führt zu negativem Denken und dies wiederum wird zu einer unangenehmen Spirale. Und ganz ehrlich: Wie oft verwenden wir solche positiven Ausdrücke, die auf der rechten Seite des Bildes ersichtlich sind? Wie oft hören wir negative Worte und lassen zu, dass sie unser Unterbewusstsein langsam aber sicher nach unten ziehen?

Achte bewusst auf eine positive Wortwahl, wenn du mit deinen Mitmenschen redest. Wenn du nur jammerst, wird es dir dein Umfeld gleichtun. Dementsprechend wirken wir auf unsere Umwelt. Eine positive Kommunikation führt immer zu einer besseren Stimmung und einer angenehmeren zwischenmenschlichen Kommunikation. Worte sind kleine Trigger, die unser Gehirn in Zuversicht oder Angst und Mutlosigkeit tauchen können.

Kennst du übrigens den Gesprächspartner, der dich am meisten beeinflusst? Du bist es selbst, wenn du mit dir selbst plauderst und das tun wir ständig. Wenn du also etwas ändern möchtest, dann achte auf deine Worte. Bist du positiv gestimmt, dann kannst du mehr leisten, bessere Lösungen finden und wirst mehr Freude am Leben haben.

Wie oft verwende ich die Worte »Problem«, »aber«, »unmöglich« oder auch nur »Ich muss«? Spreche ich mit mir selbst auf eine positive Weise? Spreche ich mit meinen Kollegen, mit meinem Team und mit meiner Familie so, dass meine Worte positiv und helfend wirken?

POSITIVE SPRACHE
VERÄNDERT
KOMMUNIKATION
STATT
BESSER
KEIN PROBLEM → GERNE
ICH MUSS → ICH WERDE
UNMÖGLICH → MÖGLICH
JA, ABER → JA, ...
HÖRNDLER CONSULTING
DAS IST SCHLECHT → DA IST ENTWICKLUNGS-POTENZIAL
...

AKTIVES ZUHÖREN IST
DAS HÖCHSTE
FUNDAMENT ALLER
BEZIEHUNGEN.
„AKTIV
ZUHÖREN"
STOP
WICHTIG!
SCHWEIGEN, STILLSEIN
UND ZUHÖREN
SIND EINE HOHE
GABE!
HÖRNDLER
CONSULTING

Schweigen und zuhören

Du triffst dich am Abend mit einem Freund. Er erzählt dir eine Geschichte, die ihm gestern widerfahren ist. In vollem Temperament legt er los und es folgt ein endloser Wortschwall. Du spürst, dass es wichtig ist, seinen Redefluss jetzt nicht zu unterbrechen. Du widmest ihm die volle Aufmerksamkeit. Dabei schaust du keine einzige Sekunde auf das Handy oder lenkst dich mit anderen Dingen ab. Du versetzt dich in die Lage des Freundes und zeigst durch Blickkontakt dein Interesse.

Was sich hier leicht anhört, ist in Wirklichkeit eine hohe Kunst. Wir Menschen sind äußerst ungeduldig und wollen gerne sofort mit unserer Meinung oder unseren Gedanken den anderen unterbrechen. Wir wollen stets unsere Umwelt gestalten und beeinflussen. Dabei übersehen wir: Mit ein paar unbedachten Wörtern wird dann die Situation zerstört.

Was bewirkt aber ungeteilte und ununterbrochene Aufmerksamkeit? Dein Freund bedankt sich am Ende des Gesprächs für den perfekten Abend. Er hat über seine Sorgen frei reden können und es geht ihm daher wieder besser. Er ist froh, dass du in diesem schwierigen Moment da warst und er dir seine Geschichte anvertrauen konnte. Letztlich hatte es eine beruhigende Wirkung.

Denke daran, dass Schweigen, Stillsein und aktives Zuhören eine besondere Gabe sind. Wann hast du das letzte Mal aufmerksam einem Gesprächspartner zugehört?

SPRICH
OHNE
SMARTPHONE
SPIELE OHNE APPS
LÄCHLE
OHNE
SELFIES
HANDYFREIE
ZONE
#HÖRNDLER
CONSULTING

Die Magie handyfreier Momente

Ein Leben ohne Smartphone ist für viele Menschen mittlerweile nicht mehr vorstellbar. Manche von uns sind täglich acht Stunden und mehr mit ihrem Handy beschäftigt. Es ist schließlich ein nützliches Werkzeug, um ortsunabhängig mit Freunden, Kollegen oder der Familie zu kommunizieren. Die moderne Technik bringt uns näher an die Personen, die gerade weiter von uns weg sind. Innerhalb von nur Sekunden erreichen wir Menschen aus der ganzen Welt. Ein Blick auf das Handy und wir bekommen binnen kürzester Zeit brauchbare Informationen. Aber leider bringt uns die moderne Technik oft weiter von den Menschen weg, die aktuell direkt neben uns sitzen.

Beobachte Personen in einem Restaurant: Wie lange dauert es, bis jemand auf das Handy schaut, obwohl er soeben mit einem Menschen spricht? Schau bei einem Spaziergang bewusst auf die Straße und du siehst Leute, die nur auf ein Gerät starren und dabei schnell durch die Gegend laufen. Gehe im Sommer in ein Freibad und beobachte, wie viele Pärchen nebeneinander sitzen und getrennt in ihre digitalen Begleiter schauen.

Die ständige Erreichbarkeit wird uns von der Industrie gerne als Vorteil der Smartphones verkauft. Doch das war einmal. Heute ist der wahre Luxus die Zeit, die wir ohne Handy miteinander verbringen. Gönne die für deine Gesundheit eine handyfreie Zone. Nach dem Motto: »Sprich ohne Smartphone, spiele ohne Apps, lächle ohne Selfies.«

Nutze das Gerät sinnvoll und bewusst. Wann hast du das letzte Mal mehrere Stunden gelebt, ohne nur ein einziges Mal auf das Handy zu schauen?

11 Freundschaften benötigen Pflege

Es leuchtet der Jackpot. Im Lotto gewinnt Peter einen hohen Geldbetrag. Die Nachbarn bemerken den Gewinn sofort. Sie besuchen den Sieger tagtäglich und fragen immer wieder, wie es ihm ginge. Fakt ist, dass Menschen gerne am Erfolg anderer mitnaschen. Dann, zwei Jahre später, gerät Peter in eine persönliche Krise. Er hat den Umgang mit dem plötzlichen Reichtum nicht geschafft. Der Lottomillionär verliert alles und stürzt ab. Total unglücklich lebt er in seiner Wohnung. Die vormals so freundlichen Nachbarn melden sich nicht mehr. Niemand fragt nach, wie es ihm ginge oder ob jemand helfen könne. Speziell in Krisenzeiten, wenn wir nicht stabil und verzweifelt sind, zeigt sich, wer für einen da ist. Oftmals finden Freundschaften nur oberflächlich statt.

Pflege intensiv den Kontakt zu deinen Freunden. Triff dich mit ihnen und tauscht eure Geschichten aus. Nimm dir bewusst Zeit für sie. Es stärkt deine sozialen Beziehungen. Es sind die tiefen Freundschaften, die gegenseitige Unterstützung, die letztlich das Leben bereichern.

Es lässt sich beobachten: Menschen mit einer starken Persönlichkeit nehmen sich bewusst Zeit für andere. Sie schenken ihnen dann ihre volle Aufmerksamkeit. Sie sind in der Lage, den Moment zu verstehen. Besonders in schlechten Zeiten, wenn wir ganz unten sind, zeigt sich ein wahrer Freund.

Denke daran, dass Freunde dich am meisten brauchen, wenn sie ganz unten sind und nicht nur bei Sonnenschein.

STARKE PERSÖNLICHKEITEN UNTERSTÜTZEN UNS, WENN WIR ...
... HIER SIND
... HIER SIND
HÖRNDLER CONSULTING
... ABER VOR ALLEM, WENN WIR HIER SIND.
DENKE DARAN: DIESE MENSCHEN BRAUCHEN UNS AM MEISTEN!

12 Das Fundament der Kommunikation

Eine Führungskraft kommt genervt von einer Besprechung und lässt seinen Frust an einem Mitarbeiter aus. Mit hartem Ton kritisiert der Manager seinen Kollegen und fragt, ob er unfähig sei, diese Sache ordentlich fertigzustellen. Der Frust des Angestellten und Familienvaters sitzt tief. Traurig und enttäuscht verlässt er am Abend seine Firma.

Zu Hause angekommen, warten seine beiden Kinder freudig auf ihren geliebten Vater. Die Gemütslage ändert sich rasant, als er erfährt, was heute in der Schule vorgefallen ist. Er lässt seinen Frust von der Arbeit an seinen Kindern aus und hält ihnen eine große Standpauke.

Unabhängig davon, in welcher Situation wir uns befinden. Ein respektvoller, wertschätzender und nicht verletzender Umgang mit dem Gegenüber ist immer eine wertvolle Währung. Es ist der Grundbaustein für eine positive zwischenmenschliche Beziehung. Jeder Mensch ist wichtig und verdient Respekt, egal in welcher Lage er sich befindet.

Kritisiere niemals einen Menschen, sondern eine Sache, die es zu verändern gilt. Achte auf deine Emotionen und Stimmungen. Ist dein Gegenüber wirklich der Grund für deine schlechte Laune? Nimm den Stress im Job nicht mit nach Hause und umgekehrt. Du entscheidest selbst, welches Verhalten du gegenüber anderen wählst. Es liegt in deiner Verantwortung.

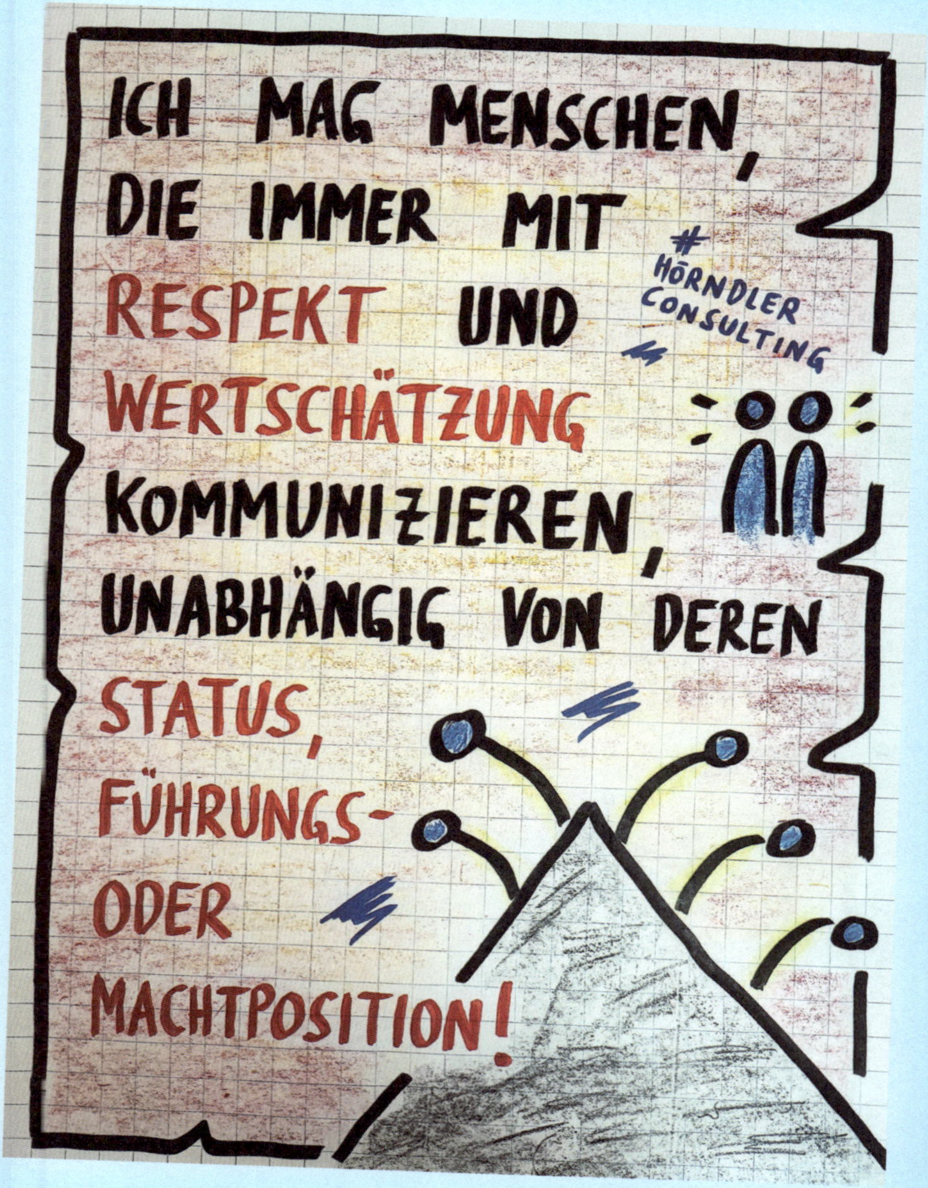

ICH MAG MENSCHEN,
DIE IMMER MIT
RESPEKT UND
WERTSCHÄTZUNG
KOMMUNIZIEREN,
UNABHÄNGIG VON DEREN
STATUS,
FÜHRUNGS-
ODER
MACHTPOSITION!

#HÖRNDLER CONSULTING

WAS WIR MANCHMAL ZU WENIG HÖREN.
DAS HAST DU ECHT GUT GEMACHT!
ICH BIN STOLZ AUF DICH!
DANKE, DASS ES DICH GIBT!
TEAM
VOLL-TREFFER
SÄTZE, DIE ANS HERZ GEHEN!
HÖRNDLER CONSULTING

Kleine Sätze – große Wirkung

Ein Kunde ruft dich verärgert an, weil er bis jetzt seine Ware nicht erhalten hat. Ein Kollege von dir hat vergessen, die Lieferung in die Faktura einzugeben. Du bügelst die Situation aus, beruhigst den Kunden und veranlasst sofort den Versand. Ein paar Tage später bekommt der Kunde seine Ware. Der Kollege kommt auf dich zu und bedankt sich mit den Worten: »Danke, dass du das gleich erledigt hast, das hast du gut gemacht!« Ein Satz, der große Wirkung erzielt. Ein anderes Beispiel: Dein Sohn kommt von der Schule nach Hause und erzählt dir, dass ein Mitschüler sein Frühstück vergessen hatte. Er hat in der Pause dem Jungen einen Teil seines Essens abgegeben. Am Ende sagst du folgende Wörter: »Ich bin stolz auf dich.« Dein Kind freut sich über diesen Satz. Denn jeder ist süchtig nach Anerkennung.

Du packst deine Sachen zusammen und spazierst mit einem Freund eine Runde um den See. Du erzählst ihm ein Problem, das dir gestern im Sport widerfahren ist und dir im Magen liegt. Er hört dir ausreichend zu und unterstützt dich bei der Lösung. Am Ende des Tages sagst du zu ihm: »Danke, dass es dich gibt.«

»Das hast du gut gemacht!«, »Ich bin stolz auf dich!«, »Danke, dass es dich gibt!« Drei kurze Sätze, drei Volltreffer. Diese Worte berühren und stärken. Sprich sie authentisch aus. Fühle die Kraft, die in ihnen steckt, denn es sind drei kleine, scheinbar selbstverständliche Sätze, die nicht viel kosten, aber einen großen Unterschied im Leben ausmachen.

Wann hast du das letzte Mal solche Sätze im Alltag ausgesprochen?

ICH MAG MENSCHEN,
DIE SECHSSPRACHIG
SPRECHEN KÖNNEN:
- EHRLICH
- EMPATHISCH
- WERTSCHÄTZEND
- MIT RESPEKT
- POSITIV
- MIT LIEBE
LOS GEHTS
#
HÖRNDLER
CONSULTING

Die schönste Sprache der Welt

Aufgrund der unterschiedlichen Kulturen auf unserem Planeten sind wir mit einer Vielzahl von sprachlichen Barrieren konfrontiert. Menschlichkeit ist allerdings die schönste und wertvollste Sprache der Welt. Würden alle Menschen in dieser Sprache sprechen, was wäre das für eine Welt! Wie viel weniger Leid, Kriege, Streitigkeiten und Konflikte würde es geben.

Menschlichkeit beginnt bei dir selbst. Los gehts. Jeder kann einen Beitrag leisten. Trage auch du die Sprache der Menschlichkeit in die Welt hinaus. Damit stärkst du dich selbst und dein soziales Umfeld.

Konzentriere dich auf ihre sechs Elemente:

1. Sprich immer mit einer ehrlichen und authentischen Art, die zu dir passt. Egal, in welcher Lebenssituation du dich befindest.
2. Zeige Mitgefühl gegenüber den Mitmenschen und versetze dich öfters in andere Personen hinein.
3. Zeige deinem Gegenüber deine Wertschätzung.
4. Begegne jedem Menschen mit Respekt.
5. Strahle einen gesunden Optimismus aus und suche bei schwierigen Herausforderungen nach Lösungen.
6. Begegne anderen Menschen mit viel Liebe. Hass, Neid und Missgunst haben keinen Platz.

Welche Worte der Sprache der Menschlichkeit sprichst du gerne? Mit welchen Worten der Menschlichkeit möchtest du angesprochen werden?
Wo siehst du noch Potenzial für eine Weiterentwicklung?

15 Was mich ärgert, entscheide ich

Du ärgerst dich, weil dein Arbeitskollege ein Minimalist ist, weniger arbeitet, immer Ausreden parat hat und doch das gleiche Geld verdient. Seine Ausreden nerven dich. Die negativen Gedanken darüber beeinflussen dich mit der Zeit so sehr, dass du selbst die Freude an der Arbeit verlierst. Sogar im Privatleben spürst du Auswirkungen, weil dir der Ärger darüber Energie raubt.

Sei dir bewusst: Je mehr du dich auf nervige Menschen und Energieräuber konzentrierst, desto wichtiger werden sie in deinem Leben. Ärgerst du dich den ganzen Tag über ein bestimmtes Verhalten eines einzigen Menschen, wird das Thema weiter aufgeblasen, als es tatsächlich ist. Du verlierst Kraft und Energie. Es liegt an dir, in welche Richtung du deine Aufmerksamkeit lenkst.

Was passiert, wenn du deinen Fokus in eine andere Richtung lenkst, indem du im Kopf positive Bilder erzeugst? Gehe in die Natur, mache einen Spaziergang im Wald und genieße diese Umgebung. Nimm die Natur bewusst wahr und hole dir deine Energie daraus. Entziehe den nervenden Kollegen deine Aufmerksamkeit. Denk an die anderen Kollegen, mit denen du gut zusammenarbeitest. Denk an deine Erfolge und die schönen Momente deiner beruflichen Tätigkeit.

Kennst du deine Energieräuber? Denke daran: Was dich ärgert, entscheidest du.

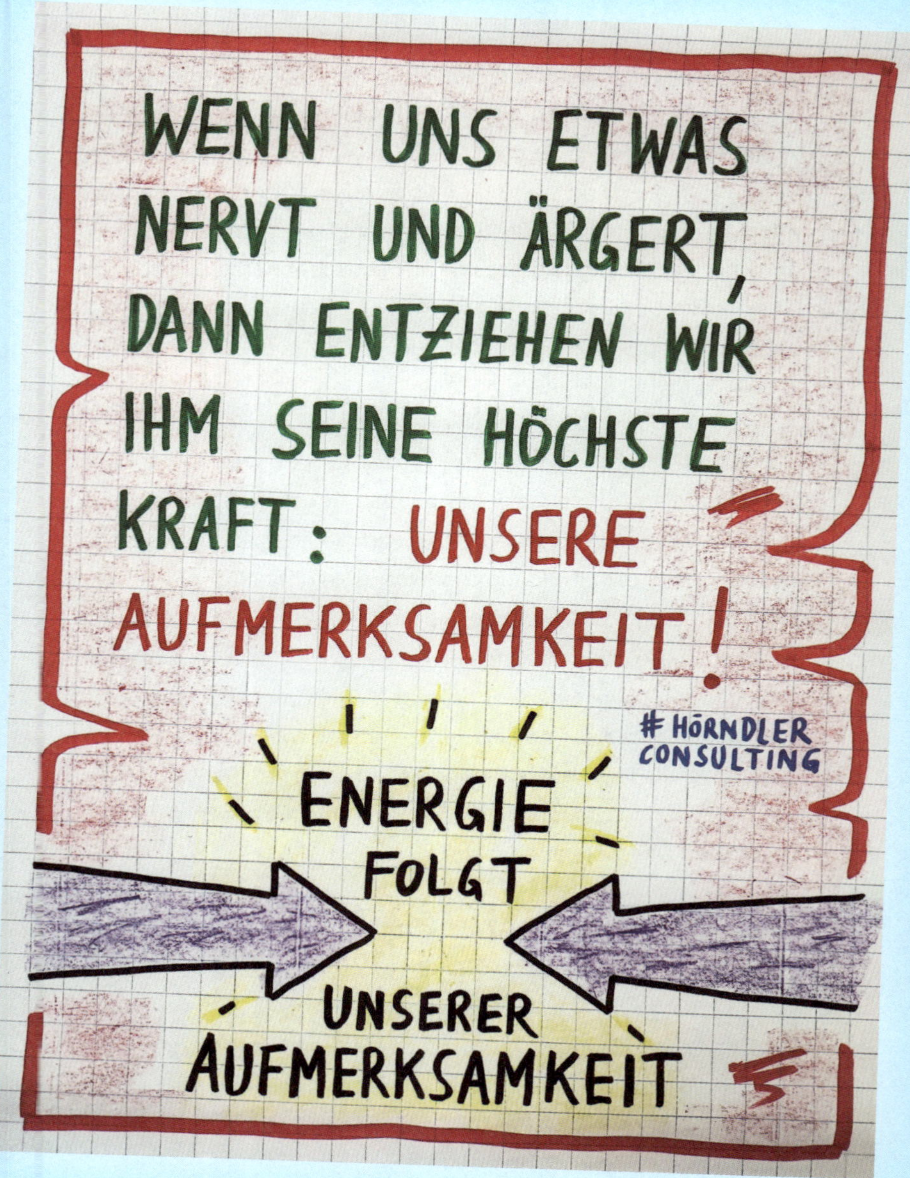
WENN UNS ETWAS NERVT UND ÄRGERT, DANN ENTZIEHEN WIR IHM SEINE HÖCHSTE KRAFT: UNSERE AUFMERKSAMKEIT!
HÖRNDLER CONSULTING
ENERGIE FOLGT UNSERER AUFMERKSAMKEIT

16 Den Moment genießen

Gestern ist Vergangenheit und bereits Geschichte. Morgen liegt in der Zukunft. Was tatsächlich zählt? Genau hier, genau jetzt. Genau in diesem Moment, in dem wir diese Zeilen lesen und uns darüber Gedanken machen. In Wahrheit ist der Augenblick nur so wertvoll, wie die Aufmerksamkeit, die wir ihm beimessen. Oftmals existieren wir leider nur mit dem Körper und nicht mit dem Herzen. Dabei nehmen wir die Umgebung oder unsere Gedanken und unseren Fokus gar nicht bewusst wahr. Wir leben wie ferngesteuert in den Tag hinein und verlieren Energie.

Was macht uns im Leben große Freude? Es sind die wunderbaren Momente, die positive Gefühlserlebnisse in uns auslösen. Augenblicke, in denen wir herzhaft lachen und die Lebensfreude spüren. Situationen, in denen wir aufgrund von Stille uns selbst gut spüren. Es sind tiefgründige Gespräche mit Familie und Freunden, sofern wir sie wahrnehmen. Gemeinsam ist allen Beispielen, dass wir in für uns bedeutsamen Momenten sehr präsent im Hier und Jetzt sind. Wenn Erwachsene etwas von Kindern lernen oder wiedererlernen können, dann ist es die Fähigkeit, den Moment zu schätzen. Beobachte einmal kleine Kinder beim Spielen, sie leben hundertprozentig in der Gegenwart. Und das tut ihnen gut.

Nimm jetzt bewusst die aktuelle Situation wahr. Was siehst du in dieser Sekunde in deiner Umgebung? Welche Gedanken hast du, wenn du auf das Bild gegenüber schaust? Welche Geräusche und Gefühle kommen in dir hoch? Halte kurz inne und genieße den Moment, denn jeder Moment ist einzigartig.

GESTERN
LIEBE DEN MOMENT
MORGEN
HÖRNDLER CONSULTING

LIEBE FÜHRUNGSKRÄFTE!
MENSCHEN BRAUCHEN DAS GEFÜHL GESEHEN UND WAHRGENOMMEN ZU WERDEN!
HÖRNDLER CONSULTING

Menschen bewusst wahrnehmen

Die Geschäftsführung eines mittelständischen Betriebes holt mich in der Funktion als Berater ins Unternehmen. Ziel ist es, die Stimmung in den einzelnen Abteilungen zu fördern. Zwei volle Tage habe ich Zeit, mit den Angestellten zu arbeiten. Einen Tag verbringe ich mit den Führungskräften und den zweiten Tag mit den Mitarbeitern. Am Ende der beiden Tage schreibe ich ein Konzept, wie wir das Arbeitsklima im Unternehmen verbessern. Alle, wirklich alle, sind von den Vorschlägen begeistert.

Zaubere ich oder vollbringe ich Wunder? Nein! Offensichtlich tue ich etwas, das viele Menschen in dem Betrieb dringend brauchen. Ich nehme die Menschen ganz bewusst wahr. In Workshops mit den Mitarbeitern stelle ich geschickte Fragen und gehe auf die einzelnen Teilnehmer immer achtsam ein. Bestückt mit meinem Wissen entsteht im Anschluss das Konzept. Die präsentierten Ergebnisse entfachen Euphorie, weil die Mitarbeiter zum ersten Mal beteiligt werden und sie sich verstanden fühlen.

Nimm Menschen bewusst wahr. Stelle Fragen, die echtes Interesse bekunden. Höre mit Wertschätzung zu und du erhältst Informationen über die Gedanken vom Gegenüber. Das gilt nicht nur bei der Arbeit, sondern auch bei Freunden, Kindern und in anderen persönlichen Beziehungen.

Es steckt in jedem Menschen so viel Potenzial, Wissen und Erfahrungen. Schöpfen wir es aus.

WIE WIR AUF KRITIK REAGIEREN SOLLTEN ?
1. ZUHÖREN UND RUHIG BLEIBEN
ÄRGERN
WUT
ESKALATION
2. KRITIK ANNEHMEN
3. RECHTFERTIGUNGEN VERMEIDEN
4. ERWARTUNGEN ERFRAGEN
5. EHRLICHE ! SELBSTANALYSE
KRAFTAKT
6. ALS CHANCE SEHEN
HÖRNDLER CONSULTING

Kritik annehmen

Nach einer dreistündigen Autofahrt komme ich endlich am Veranstaltungsort an. Mit Freude warten die Gäste auf den Vortrag. Ich betrete mit voller Leidenschaft die Bühne. Die Rede fühlt sich für mich gut an. Am Ende der Präsentation kommen die ersten Menschen direkt zu mir. Es gibt lobende Töne, sie freuen sich über die neuen Inputs und lieben vorrangig die von mir verwendete Bildersprache. Die Begeisterung ist ihnen ins Gesicht geschrieben.

Und dann kommt der gefühlt zwanzigste Mensch auf mich zu und verhält sich ganz anders. Keine Anerkennung, keine Begeisterung, kein Lob. Er kritisiert meine Vortragsweise und versteht es überhaupt nicht, dass ich ohne Folien zum Publikum spreche. Seinen Unmut und seine Unzufriedenheit teilt er mir zudem lautstark mit. Die gesamte Heimfahrt kreisen meine Gedanken immer wieder über diese Kritik. Ich habe für volle drei Stunden nur noch das Bild und den lautstarken Wortschwall dieses einen Kritikers im Kopf. Ich ärgere mich maßlos und bin frustriert. Ich sehe in diesem Moment die unzähligen positiven Rückmeldungen nicht. Es ist wie ein Tunnelblick, der nur in eine Richtung führt.

Im Laufe des Lebens haben wir immer wieder Erfahrungen mit negativem Feedback. Auch wenn wir es nicht wollen, sind wir schnell persönlich getroffen und fühlen uns schlecht.

Es ist ein Kraftakt, doch wenn du mit Kritik wachsen willst, wie wäre es dann mit den sechs abgebildeten Punkten beim Umgang mit Kritik?

19 Andere akzeptieren, wie sie sind

Am Arbeitsplatz wird ein neuer Kollege gemobbt, weil er neue Ideen und Ansätze in das Team hineinbringen möchte. Immer wieder werden darüber blöde Bemerkungen gemacht.

Sabrina, eine junge Mitarbeiterin, lebt in einer Beziehung mit einer anderen Frau. Ein Mitarbeiter lästert darüber und macht oft unangebrachte Sätze über normale Familien mit Kindern.

Sei dir bewusst, dass hinter jedem Menschen eine Person mit Gefühlen steckt. Im Leben erleben wir laufend ähnliche Situationen. Klar, keiner auf der Welt ist perfekt. Es gibt immer wieder Personen, die unser Tun und Handeln inakzeptabel finden. Wenn wir mit einem anderen Menschen nicht klarkommen, dann liegt es nicht immer an dem anderen, sondern sehr oft an unserer geistigen Haltung. An unseren Werten, an unseren Vorerfahrungen, an unseren Einstellungen oder an unseren Wünschen.

Kennst du eine Person, die dich sofort aus dem Gleichgewicht bringt? Dann stell dir einmal die Frage, wieso dieser Mensch sich so verhält? Wenn du seine Verhaltensweisen durchleuchtest und sie umdeutest, dann änderst du deine Perspektive. Du befreist dich aus deiner eingeschränkten Sichtweise und nimmst die Situation anders wahr.

Die absolute Königsdisziplin: Menschen so zu akzeptieren, wie sie tatsächlich sind, ohne sie zu bewerten.

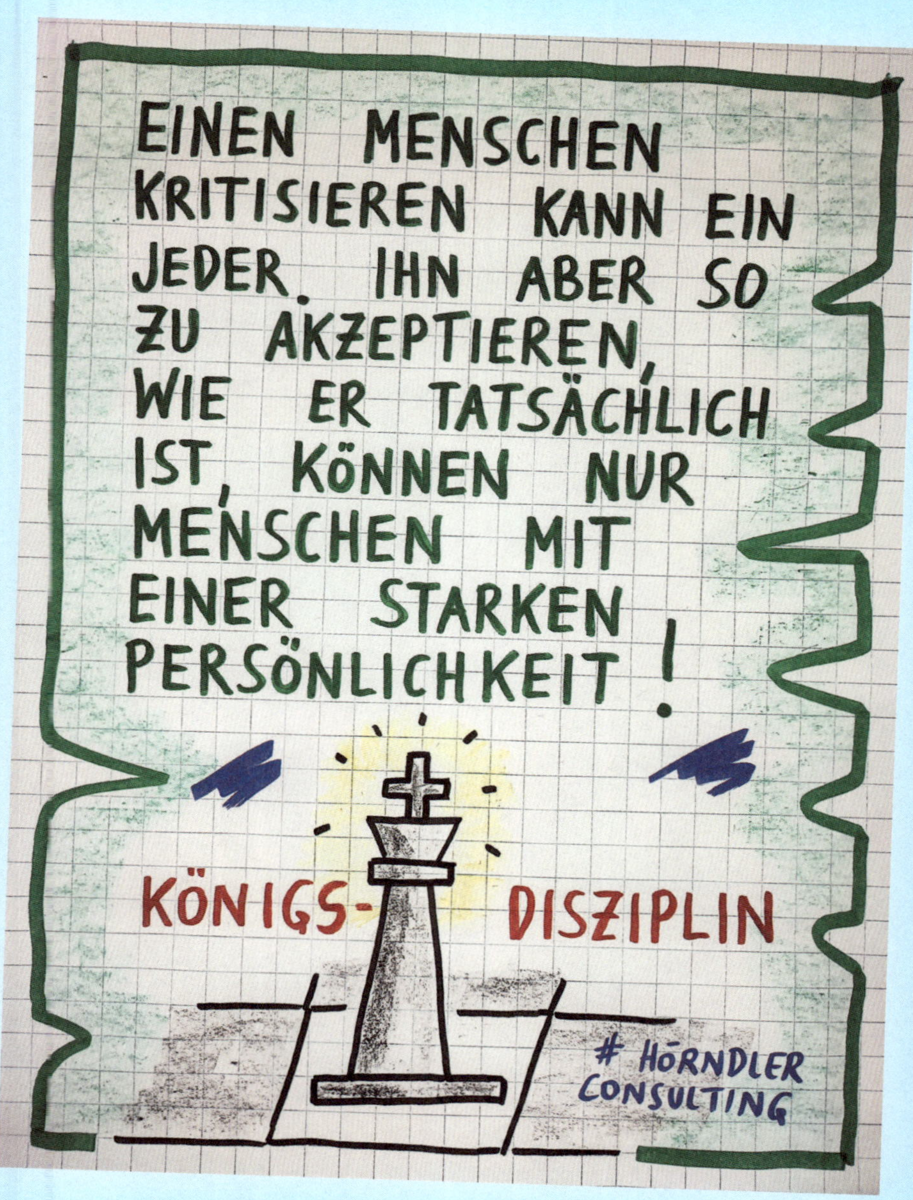
EINEN MENSCHEN KRITISIEREN KANN EIN JEDER. IHN ABER SO ZU AKZEPTIEREN, WIE ER TATSÄCHLICH IST, KÖNNEN NUR MENSCHEN MIT EINER STARKEN PERSÖNLICHKEIT!
KÖNIGS-DISZIPLIN
HÖRNDLER CONSULTING

3.

Grenzen und Hindernisse

20 Richtig oder falsch?

Bevor du jetzt weiterliest, betrachte zuerst das Bild mit den zehn Rechnungen. Was fällt dir auf? Was sind deine ersten Gedanken?

Es springt dir ins Auge: Eine Rechnung ist falsch! Grundsätzlich sehen die meisten Menschen zuerst den Fehler. Denn vier plus drei ist sieben und eben nicht acht. Aber es ist nicht die einzige Antwortmöglichkeit, die es gibt. In diesem Beispiel sind neunzig Prozent der Rechenaufgaben korrekt. Neun Rechnungen sind perfekt.

Im Alltag dürfen wir auf keinen Fall einen Fehler unter den Tisch kehren. Im Gegenteil, denn daraus lernen wir. Das gibt uns die Chance, uns weiterzuentwickeln. Eines sollte uns dennoch bewusst sein: Mentale Top-Leistungen erzielen wir mit positiven Gedanken.

Stell dir vor, du willst ein Glas mit Wasser trinken. Dann musst du dort auch Wasser einschenken. Wenn du aber lieber Apfelsaft trinken willst, dann wäre der Apfelsaft die bessere Wahl. Diese Theorie ist logisch und leicht verständlich. Das sagt uns ja der normale Hausverstand. Das Gleiche gilt für deine Gedanken. Wenn du immer und immer wieder negative Gedanken einfüllst, kannst du nicht erwarten, dass daraus mentale Stärke entsteht.

Versuche in den nächsten Tagen, negative Bewertungen durch positive Gedanken zu überlagern. Wie oft gelingt dir das?

4 + 3 = 7
2 + 4 = 6
10 + 5 = 15
2 + 8 = 10
10 + 4 = 14
3 + 7 = 10
4 + 3 = 8
10 + 4 = 14
2 + 2 = 4
10 + 10 = 20
HÖRNDLER CONSULTING

WENN EIN MENSCH EINEN FEHLER GEMACHT HAT, VERGISS NICHT ALL DIE DINGE, DIE ER VORHER RICHTIG GUT GEMACHT HAT!
DINGE, DIE GUT WAREN
FEHLER
HÖRNDLER CONSULTING

Wie bewertest du Fehler?

Eine Schülerin kommt von der Schule nach Hause und berichtet von einem schlechten Ergebnis in Mathematik. Sie hat zweimal bescheidene Noten, einmal einen Dreier und dann einen Vierer. Sie ist eine ausgezeichnete Schülerin und hat stets gute Noten. In der Schule ist sie begabt und lernt leicht. In ihrer Klasse gehört sie zu den Besten. Die Eltern ärgern sich allerdings über die zwei verpatzten Noten. Es folgt direkt eine Standpauke. Sie soll endlich wieder mehr lernen. Andernfalls wird sie später im Leben große Probleme haben. Zum ersten Mal lernt sie das Unverständnis der Eltern kennen. Das löst in ihr Unsicherheit aus.

Wenn ein Mensch einen Fehler gemacht hat, vergiss nicht all die Dinge, die vorher gut waren. Stell dir vor, wie viele Dinge in einem Unternehmen gut laufen, damit es am Markt überhaupt überleben kann. Trotzdem konzentrieren wir uns in der täglichen Kommunikation auf Situationen, die nicht so gut sind. Uns fällt sofort auf, was vorige Woche nicht in Ordnung war. Die Medien leben es vor und bringen nur negative Schlagzeilen. Die guten Dinge sind oft selbstverständlich und keine große Überschrift wert.

Konzentriere dich auf das Ganze. Bei eigenen Fehlern bedenke: Was sind deine positiven Erlebnisse und was läuft bei dir prima? Worauf kannst du stolz sein? Bei Fehlern von Mitmenschen schaue darauf: Wofür wird er geschätzt? Wie bedeutend ist der Fehler im Vergleich zu allen anderen Dingen, die gut laufen?

WENN DIR DAS
LEBEN STEINE IN
DEN WEG LEGT:
DRAUF STELLEN
BALANCE HALTEN
AUSSICHT GENIESSEN
LÄCHELN UND
WEITERGEHEN.
#HÖRNDLER
CONSULTING

Hindernisse überwinden

22

Na klar wäre ein geradliniger Weg nach oben eine für uns wünschenswerte Fahrtrichtung. Ich stellte mir schon öfter die Frage, ob das Leben damit nicht Langeweile auslöst? Ganz tief in uns drinnen wissen wir: Wir benötigen Herausforderungen, um überhaupt wachsen zu können. Unsere Persönlichkeit stärkt und entwickelt sich eher in schwierigen Situationen oder Krisen. Aus dem erfolgreichen Bewältigen von Krisen schöpfen wir Kraft für zukünftige Aufgaben und aktivieren unser Grundbedürfnis nach Selbstwirksamkeit.

Wenn uns das Leben einen Stein in den Weg legt, dann stellen wir uns am besten darauf, halten die Balance, genießen die Aussicht, lächeln und gehen weiter. Jeder Stein ist anders und in seiner Form eine Besonderheit. Manchmal ist seine Ausprägung uneben, spitz oder undurchsichtig. Gelegentlich stolpern wir darüber. Dann stehen wir auf und weiter gehts. Steine tauchen wiederkehrend im Leben auf. Reden wir sie nicht weg. Sie sind da und brauchen unsere Aufmerksamkeit. Jedes Problem ist auch nützlich, denn es ist der erste Schritt zu neuen Perspektiven und Lösungen.

Im Leben hast du schon unzählige Stufen und Schwierigkeiten bewältigt. Je nach Höhe des Steines oder des Felsens ist der erste Schritt dementsprechend immer anstrengend. Es ist auch denkbar, dass du eine Unterstützung von außen benötigst. Ein Seil, das dir entsprechend nach oben hilft.

Überwinde mutig Hindernisse und genieße dann die Aussicht auf die neue Lebensperspektive.

23 Deine Fahrtrichtung wählen

Halte ich an meinem Job fest oder suche ich mir eine neue Herausforderung? Bleibe ich bei meinen Zielen oder habe ich noch andere Träume? Lasse ich die Beziehung los oder lohnt es sich, weiterzukämpfen? Fragen, die uns Menschen im Alltag immer wieder begleiten.

Im Leben hören wir immer wieder ermutigende Sätze. Sei entschlossen und gehe aus der Komfortzone raus. Überwinde Unsicherheiten und wähle bewusst neue Wege. Schritt für Schritt und gib unter keinem Umstand auf. Dieser Weg bringt uns in vielen Situationen tatsächlich weiter. Es stärkt unsere Persönlichkeit und es ist die Basis für erfolgreiche Leistungen. Es gibt jedoch Momente, in denen das Nicht-Loslassen unserem Körper, unserer Seele oder gar unserer Gesundheit schadet. Loslassen ist oft ein Schritt in das Ungewisse, ist aber manchmal wesentlich befreiender. Wie so oft ist die Balance zwischen Dranbleiben und Aufhören die Basis für ein zufriedenes Leben. Hab daher keine Scheu vor dem Loslassen. In Wahrheit ist es eine schmale Gratwanderung. Das Leben verläuft nicht nur in einer Fahrtrichtung. Es gibt viele unterschiedliche Wege.

Finde immer wieder heraus, was in dir brennt. Versuche zu reflektieren, ob es sich in deiner aktuellen Situation mehr lohnt zu kämpfen oder loszulassen.

KÄMPFEN
MUTIG SEIN
DURCH-HALTEN
LOSLASSEN
KÄMPFEN
LOS-LASSEN
HÖRNDLER CONSULTING

24 Die Magie einer Niederlage

Keine Frage, eine Niederlage schmerzt und tut im ersten Moment sehr weh. Sie erzeugt negative Emotionen wie Trauer und Wut. Misserfolge nagen an unserem Selbstwertgefühl, wer will denn schon gerne verlieren? Doch Rückschläge gehören zum Berufs- und Privatleben, ja sogar zum Erfolg. Nimm es sportlich, mit Humor und versuche, etwas daraus mitzunehmen.

Geniale Erfinder hatten unzählige Fehlversuche, bis daraus großartige Dinge entstanden sind. Firmengründer zahlten in der Entwicklungsphase oft viel Lehrgeld, bis sich ihr Unternehmen am Markt etablierte. Erfolgreiche Sportler verloren auch immer Spiele und Kämpfe. Jahre später standen sie mit Freudentränen am Siegespodest und krönten sich zum Weltmeister.

Nimm Niederlagen nicht immer persönlich. Scheitern ist menschlich. Solche Erfahrungen helfen dir zu lernen, dich zu entwickeln und stärken letztlich sogar deine Persönlichkeit. Schließlich entscheidest du, wie du mit einer Situation umgehst, ob du den Kopf in den Sand steckst oder du kraftvolle Energie für die Zukunft schöpfst. Die Psychologie benutzt heute einen eigenen Begriff für den Umgang mit Niederlagen: Resilienz. Menschen, die immer wieder aufstehen können und in der Lage sind, sich selbst Mut zuzusprechen und auch aus harten Rückschlägen gestärkt hervorgehen, sind »resilient«.

Stell dir die Frage, wie du in der Vergangenheit mit Niederlagen umgegangen bist? Stell dir die Frage, wie es dir gelingen kann, gestärkt aus einer Niederlage hervorzugehen?

EINE NIEDERLAGE IN DER SCHULE, IM LEBEN ODER IM JOB
BEDEUTET KEINE NIEDERLAGE ALS MENSCH!
ICH LERNE
HÖRNDLER CONSULTING

KOMM' ZURÜCK
DAS SCHAFFST DU NICHT!
ES IST ZU SCHWIERIG
ENTFALTUNG
HÖRNDLER CONSULTING

Stärken und Talente identifizieren 

Wenn jemand zu uns sagt: »Das schaffst du nicht!«, dann denke daran: Das sind seine Grenzen im Kopf, nicht deine. Im Laufe deines Lebens triffst du immer wieder auf Leute, die nicht an deine Fähigkeiten glauben. Solche Menschen trauen sich selbst oftmals nur sehr wenig zu. Das Bild spiegelt recht gut den Beginn meiner Selbstständigkeit wider. Ich war gerade einundzwanzig Jahre alt, als ich den Schritt zur eigenen Firma wagte. Ich hörte oft so oder ähnlich: »Du bist noch viel zu jung.« Trotzdem habe ich mir damals meinen Traum erfüllt. Na klar, es gab immer wieder mal schwierige Zeiten, in denen Zweifel hochkamen. Es waren für mich Lernprozesse, die ich heute nicht mehr missen möchte. Gerade in solchen herausfordernden Situationen entfalte ich mich allerdings am meisten.

Wenn du das Bild betrachtest, dann hat es noch eine weitere Botschaft: Der Zuversichtliche erklimmt den Berg und kommt in Bewegung, während Bedenkenträger auf der Stelle verharren. Was glaubst du, welche Figuren auf dem Bild mehr Future Fitness verkörpern? Der Akteur am Felsen oder die auf der Stelle stehenden Mahner?

Sprich dir besser selbst Mut und die Zuversicht zu, als auf ein ängstliches Umfeld zu hören. Diese Fragen helfen dir dabei weiter:

Welche Berge hast du schon erklommen?
In welcher Disziplin kannst du dich ehrlicherweise noch weiterentwickeln?
Ist es wirklich wichtig, was die anderen denken?

MANCHMAL BENÖTIGEN
WIR IM LEBEN EINFACH
ZEIT, GEDULD UND
DURCHHALTEVERMÖGEN!
ERFOLG BRAUCHT ZEIT.
WACHSTUM BRAUCHT ZEIT.
SCHÖNE DINGE BRAUCHEN
ZEIT.
HÖRNDLER CONSULTING

Geduld und Durchhaltevermögen 26

Du willst deinem Körper etwas Gutes gönnen und meldest dich in einem Fitnessstudio an. Ein Trainer erklärt dir die Geräte und macht mit dir eine Einführung. Du bist voller Elan und fängst mit Begeisterung zu trainieren an. Am Abend kommst du zu Hause an und kannst es gar nicht mehr erwarten, dass es morgen wieder weitergeht. Du fühlst dich aktuell motiviert und fit.

In der Früh wachst du dann mit einem Muskelkater auf. Deine Bewegungen sind plötzlich nur sehr eingeschränkt möglich. In diesem Moment fühlst du dich leer und energielos. Es ist Geduld gefragt, denn am nächsten Tag wird nicht gleich eine große Veränderung zu spüren sein. Der Erfolg ist nicht sofort bemerkbar. Langsam und kontinuierlich ist hier das Rezept.

Denken wir an den beruflichen Aufstieg. Manchmal dauert es Jahre, bis wir den nächsten Schritt auf der Karriereleiter schaffen. Es ist ein Prozess, der einen längeren Zeitraum benötigt. Auch eine neue Sprache wirst du nicht an einem Tag oder in einer Woche lernen können. Wenn du aber über ein oder zwei Jahre dabeibleibst, wird sich der Erfolg einstellen.

Durchhaltevermögen oder Ausdauer und Geduld sind oftmals der Schlüssel zum Erfolg.

Wie sieht das jetzt bei dir aus?
Wie geduldig schätzt du dich selbst ein?
Wie beharrlich verfolgst du deine Ziele? Bleibst du am Ball, auch wenn es länger dauert?

27 Krise ist nur ein weiteres Wort für Anlauf

Stell dir einen sportlichen Wettkampf vor. Ein Boxer, der im Ring steht, tänzelt und bewegt sich dauernd in alle Richtungen. Manchmal wagt er sich bewusst einen Schritt zurück, um Kraft zu sammeln. Oder er schützt sich selbst und weicht vor einem Schlag ins Gesicht aus. Manchmal klammert er sich an seinen Gegner, um sich darauffolgend wieder Distanz zu schaffen. Im Wettkampf läuft er nicht davon, sondern überlegt geübt den nächsten Schritt und neue Angriffsmethoden. Er stellt sich seiner Herausforderung und kennt seine möglichen Konsequenzen.

Unterschätze nie einen Menschen, der einen Rückschritt macht, denn er könnte Anlauf nehmen. Krisen und Rückschläge gehören zum Leben. Es sind Erfahrungen, die uns helfen, zu lernen und uns zu entwickeln. Sie stärken vorrangig unsere Persönlichkeit. Wer sich nicht weiterentwickelt, bleibt auf der gleichen Stufe.

Eine Problemorientierung verstärkt die Krise weiter. Warum passiert mir das schon wieder? Akzeptiere zuerst deine aktuelle Sachlage. Gehe einen Schritt zurück. Damit holst du Kraft, Dynamik, Anlauf und Schwung. Überlege dir Entwicklungsfragen.

Was lerne ich aus dieser Situation?
Was ist positiv daran?
Wie nutze ich diese Energie für zukünftige Aufgaben?

UNTERSCHÄTZE NIE EINEN MENSCHEN, DER EINEN SCHRITT ZURÜCK MACHT. ER KÖNNTE ANLAUF NEHMEN!
HÖRNDLER CONSULTING

4.

Wie wir wachsen

28 Vergleiche machen selten glücklich

Meine Kindheit war geprägt von Schüchternheit und Nervosität. Offen gesagt, ich habe meine Schulzeit überhaupt nicht angenehm in Erinnerung. Ständig zog ich Vergleiche mit den Schülern. Eine Drei auf einer Schularbeit freute mich nur dann, wenn der Nachbarsjunge eine Vier hatte. Hatte er aber eine bessere Note als ich, war der Tag für mich schon gelaufen.

Wie oft vergleichen wir uns im Leben? Die sozialen Medien gaukeln uns eine perfekte Welt vor. Wir sehen Schönheiten und Berühmtheiten mit viel Glamour. In der Nachbarschaft reiht sich Haus an Haus. Neidisch schauen wir, wie modern der Nachbar ausgestattet ist. Ein großer Swimmingpool und eine Sauna. Ein paar Meter weiter ein weiterer neuer Garten mit moderner Ausstattung. Die Konsequenz: Wir streben selbst in diese Richtung. Ohne es zu merken, sitzen wir in einer Vergleichsfalle. Das kostet uns nur unnötig Energie und oft auch Geld.

Der ständige Vergleich hindert uns, glücklich und erfolgreich zu sein. Denn wir sagen uns selbst dabei: »Schau mal, die anderen sind viel besser und cooler als du!« Das ist nicht gut für den Selbstwert. Hol dir daher lieber die innere Kraft aus eigenen, selbst gewählten Vorbildern, aus Menschen, die dich wirklich inspirieren. Leg den Schwerpunkt auf dich selbst und sei einfach du. Strebe nach den Dingen, die dir wirklich guttun und schaue nicht voller Neid auf den Swimmingpool des Nachbarn.

Am besten legst du den Fokus auf dich. Weißt du überhaupt, wer du bist und was dir wichtig ist?

VERGLEICHE
DICH NICHT
MIT ANDEREN!
WOW
MEGA
SAUNA
KOSTET DICH
UNNÖTIG ENERGIE!
HÖRNDLER CONSULTING

GEWINNER-
MENTALITÄT
GEWINNER
1. PROBIEREN NEUE DINGE AUS
2. HABEN MUT ZUR VERÄNDERUNG
3. SIND BEREIT NEUES ZU LERNEN
4. SEHEN JEDEN MISSERFOLG ALS CHANCE
5. EMPFINDEN DANKBARKEIT
HÖRNDLER CONSULTING

Denken Gewinner anders? Vielleicht! 29

Wir leben in einer Zeit voller Wettbewerbe. Wenn wir an Gewinner denken, haben wir sofort die großen Erfolge vor Augen. Ein erster Platz im Skirennen. Ein Turniersieg einer Fußballmannschaft. Bestleistung in einer Disziplin. Ein Unternehmen geht an die Börse. Ein Marathonlauf in Rekordzeit. Die Medienlandschaft lebt es so vor und bringt primär Rekorde und Höchstleistungen als Bericht.

Wenn wir das Thema jedoch genauer betrachten, steckt mehr dahinter. Gewinner sind Menschen, die gerne neue Dinge ausprobieren. Sie blicken positiv in die Zukunft. Sie haben den Mut, eine Veränderung einzuleiten, auch wenn es im ersten Moment schwierig aussieht. Sie sind stets bereit, aus den gesammelten Erfahrungen zu lernen und sich zu verbessern. Aufgeben kommt ihnen nicht in den Sinn, denn jeder Misserfolg ist auch eine Chance für einen Fortschritt.

Sie empfinden im Herzen eine tiefe Dankbarkeit und freuen sich über die kleinen Dinge des Lebens. Dabei holen sie sich Kraft aus ihren bisher erreichten Leistungen. Wer eine dankbare Haltung einnimmt, wird zum Gewinner.

Entwickle deine persönliche Sieger-Mentalität. Wann konkret bist du im Leben ein Gewinner?
Welche Eigenschaften auf der Liste finden sich bereits in deinem Denken und Handeln?

BETRACHTE
DIE DINGE
MAL ANDERS!
HILFT,
- UNS ZU ENTWICKELN
- ZU WACHSEN
- NEUES ZU LERNEN
...
HÖRNDLER CONSULTING

Neue Möglichkeiten entdecken

Du wählst einen Wanderweg von A nach B. Am Ziel triffst du auf einen Menschen. Er erzählt dir, dass es einen kürzeren Weg gibt. Zwei Tage später fliegst du zufällig mit einem Hubschrauber über diese Gegend. Du siehst weitere Optionen und merkst, dass es nicht nur zwei Wege gibt.

Durch die geänderte Perspektive, die Sicht von oben, betrachtest du die Dinge anders. Dabei siehst du noch schönere, kürzere oder spannendere Wege mit Potenzial. Damit hast du jetzt das Wissen, welchen Weg für dich in Zukunft der Bessere ist.

Im Job erfährst du vom Chef, dass sich voraussichtlich der Standort ab nächster Woche ändert. Es löst automatisch in dir Unruhe und Angst aus. Bevor du dann in deiner Meinung festgefahren bist, versuche, die Situation von allen Seiten zu durchleuchten.

Im Leben sind wir oft in unseren Gewohnheiten und Denkweisen festgefahren. In diesen Momenten blicken wir nicht über den Tellerrand. Das hindert uns bei der Entwicklung und beim Wachstum. Es ist daher für uns von Bedeutung, bereit zu sein, neue Perspektiven auf die Dinge zu finden.

Versuche, eine aktuelle Situation von dir aus einer anderen Perspektiven zu betrachten. Betrachte sie aus der Perspektive eines Hubschraubers, was siehst du mit Weitblick? Entdeckst du neue Möglichkeiten?

31 Um Hilfe zu bitten ist okay

Du fährst heute Morgen mit der Straßenbahn zur Arbeit und drehst am Arbeitsplatz deinen Computer auf. Gleich beim Hochfahren siehst du auf dem Bildschirm eine Fehlermeldung. Du sitzt da und weißt nicht weiter. Du versuchst, das Problem selbst zu lösen. Drei Stunden probierst du es und das ohne Erfolg. Mit dem Rücken zur Wand schaltest du die Fachabteilung ein, diese sind heute jedoch wegen einer Schulung schon außer Haus. Hättest du sofort Hilfe geholt, wäre das Problem vielleicht in wenigen Minuten gelöst gewesen.

Kennst du solche Momente? Warum fällt es uns so schwer, um Hilfe zu bitten? Es wird als unangenehm betrachtet. Wir sind überzeugt, dass es eine Schwäche und Schande ist. In den meisten Fällen sind Erfahrungen aus der Schulzeit schuld. Wer etwas nicht weiß, ist ein schlechter Schüler. So nagt dann jede Frage an unserem Selbstwertgefühl und Ego.

Betrachte die Situation aus einer anderen Perspektive. Was löst es in einem Menschen aus, wenn er um Hilfe oder Rat gefragt wird und die Möglichkeit hat, Hilfe zu leisten? Es stärkt ihn und er freut sich. Es kommt ein Gefühl von Wertschätzung in ihm auf. In Wahrheit profitieren also beide Seiten davon, wenn ein Mensch um Unterstützung fragt.

Fällt es dir schwer, andere um Hilfe zu bitten? Wie reagiere ich selbst, wenn mich jemand um Hilfe fragt?

ICH BRAUCHE BITTE DEINE UNTERSTÜTZUNG.
„KANNST DU MIR BITTE HELFEN?"
HILFE BEKOMMEN WIR ...
HÖRNDLER CONSULTING
... WENN WIR FRAGEN
... WENN WIR NICHT FRAGEN

32 Es gibt Situationen, durch die müssen wir einfach durch

Du fährst mit dem Auto zu einem wichtigen Termin. Auf der Autobahn wird das Tempo der Kolonne aus heiterem Himmel immer langsamer. Du blickst nach vorn und siehst, dass sich ein Stau entwickelt hat. Innerhalb kürzester Zeit löst es in dir Stress und Druck aus. Der Ärger über diese Situation ist sofort zu merken.

Fakt ist, du stehst im Stau. Unter keinen Umständen ist es möglich, diesen Moment zu verändern. Es ist so, wie es ist. Du hast trotzdem selbst die Entscheidungskraft in der Hand, wie du mit dieser Situation umgehst. Es bringt dich nicht weiter, wenn du die Nerven verlierst, wütend bist und den Fokus auf den Stau legst.

Lass kurz Frust ab und dann lächle positiv in den Spiegel. Nutze die Zeit sinnvoll. Wenn du eine Freisprecheinrichtung hast, rufe Freunde und Bekannte an, von denen du schon länger nichts mehr gehört hast. Höre dir ein fesselndes Hörbuch an und lass dich inspirieren. Hast du einen Sitznachbar, dann starte ein tiefsinniges Gespräch. Bring dich in eine lebensfrohe Gemütslage, es erleichtert dir den Moment. Die Wahrheit ist: Es gibt Situationen in deinem Leben, da musst du einfach durch. Du hast aber die Wahl, ob du es jammernd oder positiv lächelnd tust.

Entscheide dich, welchen Weg du wählst!

DIE WAHRHEIT IST:
ES GIBT SITUATIONEN IM LEBEN, DA MÜSSEN WIR EINFACH DURCH.
WIR HABEN ABER DIE WAHL:
POSITIV LÄCHELND
MIT JAMMERN
HÖRNDLER CONSULTING

UMGIB DICH MIT MENSCHEN, DIE DIR NEUE SICHTWEISEN GEBEN.
DENN ETWAS FRISCHER WIND TUT UNS ALLEN GUT.
PERSÖN-
LICHKEIT
WACHSTUM
#HÖRNDLER CONSULTING

Den Horizont durch andere erweitern 33

Du planst eine neue Gartengestaltung mit einer überdachten Liegefläche. Um eine gute Entscheidung zu treffen, holst du dir klarerweise unterschiedliche Sichtweisen und Meinungen ein. Du besuchst verschiedene Gärten und nimmst aufmerksam neue Ideen mit. Auf einer Gartenmesse kommst du mit vielen Menschen ins Gespräch. Von Experten auf YouTube hörst du professionelle Aspekte. Du erfährst im Gespräch mit Nachbarn, wie deine Ideen in der Praxis umsetzbar sind. Durch all dieses Tun erhältst du laufend neue Erkenntnisse.

Im Leben heißt es: wachsen, lernen und entwickeln. Und meistens lernen wir von anderen Menschen, ohne dass wir das bewusst bemerken. Klar, es ist nicht immer einfach, neue und unterschiedliche Ansichten zu akzeptieren. Überhaupt dann, wenn wir in unserer eigenen Wahrnehmung feststecken.

Was glaubst du, warum erfolgreiche Persönlichkeiten gerne Berater und andere um sich scharen, um noch erfolgreicher zu werden? Sie haben erkannt, das andere Menschen oft einen anderen Blickwinkel auf die Dinge haben und sie befinden sich nicht im gleichen Tunnelblick. Nimm andere Meinungen an und bedanke dich bei den Menschen, die deinen Horizont erweitern. Profitiere aus deren Erfahrungen, denn diese bringen dich im Leben weiter.

Wann hast du zum letzten Mal bewusst andere Meinungen eingeholt?
Wann hast du eine andere Meinung angenommen?
Wann hast du zum letzten Mal den frischen Wind eines Perspektivenwechsels verspürt?

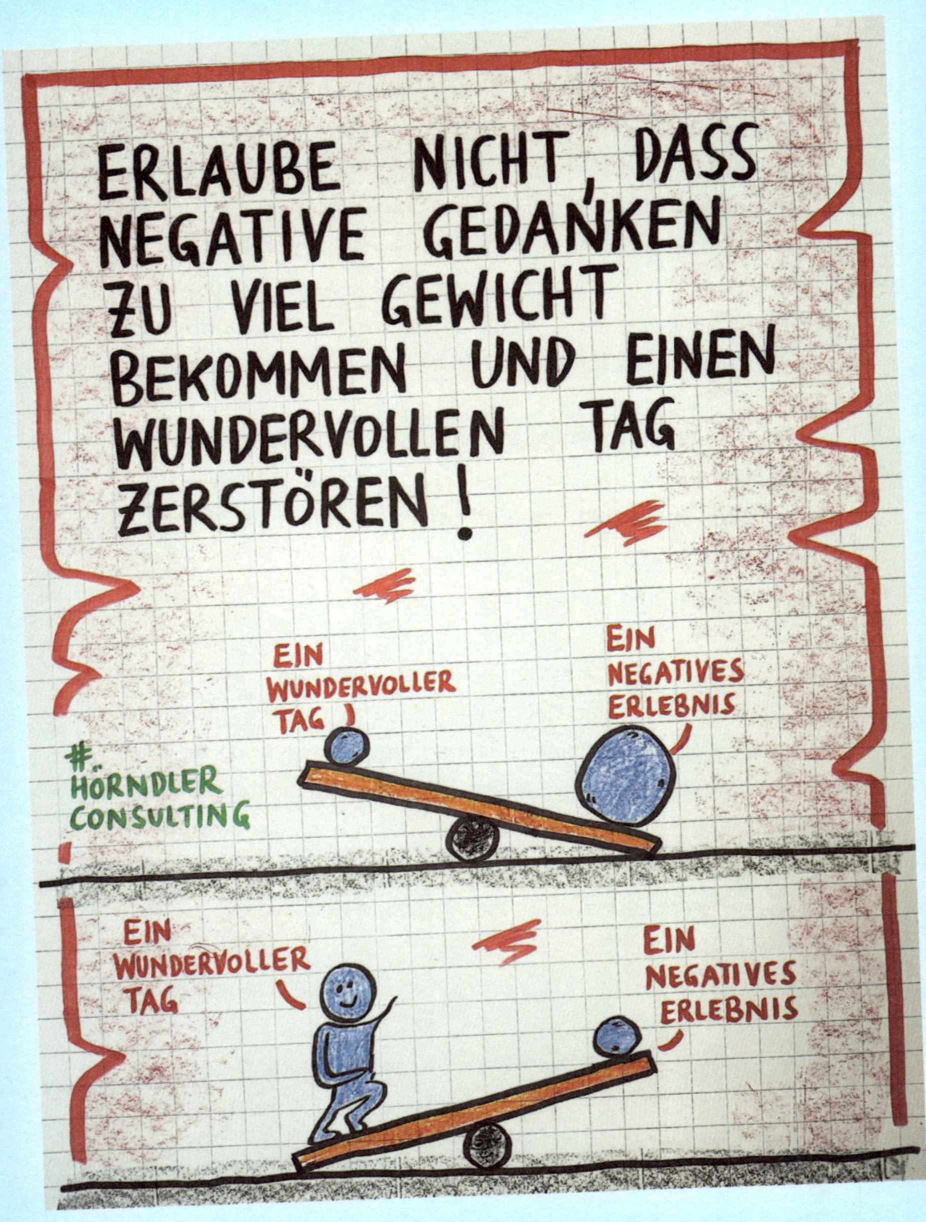
ERLAUBE NICHT, DASS NEGATIVE GEDANKEN ZU VIEL GEWICHT BEKOMMEN UND EINEN WUNDERVOLLEN TAG ZERSTÖREN!
EIN WUNDERVOLLER TAG
EIN NEGATIVES ERLEBNIS
#.. HÖRNDLER CONSULTING
EIN WUNDERVOLLER TAG
EIN NEGATIVES ERLEBNIS

Achte auf deine Gedanken

34

Du musst am Abend eine für dich wichtige Präsentation in deinem Verein halten. Es geht über die Budgetverteilung im nächsten Jahr. Den ganzen Tag rotieren aber negative Gedanken im Kopf. Du fragst dich, ob du die Rede überhaupt halten kannst. Möglich wäre, dass du den roten Faden verlierst und nicht mehr weitersprechen kannst. In unserem Alltag begegnen uns solche oder ähnliche Gedanken sehr oft. Sie helfen uns jedoch in der jeweiligen Situation meist nicht weiter. Im Gegenteil: Sie erzeugen eher schlechte Gefühle.

Wir denken ständig, das macht unser Gehirn einfach so. Unsere Gedanken werden im Kopf von uns selbst erschaffen. Erlaube nicht, dass negative Gedanken zu viel Gewicht bekommen und einen wundervollen Tag zerstören. Wenn ständig eine schlechte Stimmung in deinem Kopf schwirrt, kannst du nicht erwarten, dass daraus positive Energie entsteht.

Blicke zuversichtlich dem Abend entgegen. Stell dir vor, wie du auf der Bühne stehst und die Menschen begeisterst, wie du die Präsentation vorträgst und den Applaus der Teilnehmer bekommst. Ist dein Kopf überzeugt, dass die Rede perfekt gelingt, wirst du die Nervosität ablegen und die Situation bewältigen. Denke an erfreuliche Erlebnisse, die du bisher schon erfolgreich gemeistert hast. Das bringt dir Energie und Zuversicht.

Entfalte mit positiven Gedanken »Ich schaffe das in jedem Fall!« den Optimismus in dir. So fühlst du dich besser, bist in einer besseren Stimmung und kannst mehr erreichen.

35 Authentisch sein

Ein Publikum im Saal spürt, ob ein Redner authentisch ist und auch das lebt und fühlt, was er sagt oder ob es gesprochene Floskeln sind. Stell dir vor, er stockt in der Mitte seiner Rede. Alle Menschen schauen ihn gespannt an. Versucht er, sich durchzumogeln, sucht er nach Ausreden oder spricht krampfhaft weiter? Seine Körpersprache, Gestik und Stimmlage werden es offenbaren. Du wirst es erkennen.

Spricht er hingegen ehrlich und vielleicht mit Humor die Situation an, dann entspannt sich die Lage. Drückt er seine Befindlichkeiten aus und entschuldigt sich über den Vorfall, erkennen die Zuhörer seine offene Art an. Zu sich, zu den eigenen Schwächen und Fehlern stehen, zeugt von menschlicher Qualität. Wer Klartext redet, riskiert, verstanden zu werden. Menschen schätzen authentische Personen. Denn vielen fehlt einfach der Mut dazu, authentisch zu sein. Darum werden authentische Menschen so bewundert.

Unter manchen Umständen ist Klartext zu reden jedoch verletzend und unangebracht. Zum Beispiel, wenn wir einer geliebten Person eine schwerwiegende Krankheitsdiagnose mitteilen. Sprechen wir die Situation offen an oder schweigen wir lieber in diesem Moment? Es kommt immer auf die richtige Sprache an. Im Leben ist es möglich, alles anzusprechen, sofern die Art und Weise passend und einfühlsam sind. Sei ehrlich zu dir selbst. Vertritt deine Meinung offen. Bleib dabei immer wertschätzend.

Bist du mutig genug, eigene Fehler anzusprechen? Kannst du über dich selbst lachen? Stehst du zu deiner Meinung oder redest du anderen nach dem Mund?

ICH MAG MENSCHEN, DIE KLARTEXT REDEN, DIE MIT IHREN GEDANKEN UND GEFÜHLEN EHRLICH SIND UND SICH SO PRÄSENTIEREN, WIE SIE TATSÄCHLICH SIND.
HÖRNDLER CONSULTING

36 Ziele definieren

Auf dem Weg zum Ziel kommen immer wieder Schwierigkeiten auf uns zu, die es zu überwinden gilt. Wir treffen dabei auf Zweifel, Ängste, Krisen und Pessimisten. Positive Emotionen und eine große Willenskraft sind notwendig, um diese Hindernisse zu bewältigen.

Mehr abliefern als andere. Die berühmte Extrameile gehen. Ziele konsequent verfolgen. Einhundertzwanzig Prozent geben und sich weiter nach vorn pushen. Von nichts kommt nichts, diesen Satz kennen wir zu gut.

Um seine Ziele zu erreichen, ist auch manchmal eine Standortbestimmung notwendig. Erholungspausen, in denen man Fortschritte und Kurskorrekturen überlegt. Welche negativen Einflüsse können wir getrost auf die Seite schieben und unseren Weg dadurch fortsetzen? Das Ziel soll schließlich auch gesund erreicht werden. Brich das Ziel bewusst auf kleinere Ziele herunter. Damit erzeugst du positive Erfolgserlebnisse, die dir auf dem weiteren Weg helfen.

Definiere persönliche Ziele. Schaffe dir das Bewusstsein, dass im Leben der Plan und die Realität gerne voneinander abweichen. Manchmal kommt es sogar zu einem komplett anderen Verlauf. Sei flexibel, um früh genug auf Schwierigkeiten und Veränderungen reagieren zu können.

Hast du dir deine Ziele und Zwischenschritte schon schriftlich notiert?

ZIELE
SPOTT
...
VERWANDTE
EGO
HÖRNDLER CONSULTING
COVID
KRISE
PESSIMISTEN
ZWEIFEL
SCHULD
BOSS
...
KOLLEGEN
ANGST
FREUNDE
...
DEINE TRÄUME

WENN DER KOPF DENKT ...
„ICH SCHAFFE ES NICHT!"
... DANN DENKE DARAN
ZIEL
„WAS DU BEREITS ERREICHT HAST!"
#HÖRNDLER CONSULTING

Deinen Kopf stärken

37

Wenn du denkst, dass du den nächsten Schritt nicht schaffst, sei dir bewusst, dass dich diese Gedanken bremsen. Der Spitzensport ist ein gutes Beispiel für die positiven Auswirkungen mentaler Stärke. Es ist für Sportler unverzichtbar, sowohl im Training als auch in der Wettkampfsituation auf mentale Strategien zurückgreifen zu können, um dem enormen Druck standhalten zu können. Gleichzeitig sind sie in der Lage, die besten Leistungen zu erzielen.

Wie ist das bei dir? Eine offene und ehrliche Selbstanalyse der aktuellen Situation ist von großer Bedeutung. Daraus erlangst du Erkenntnisse für deine weiteren Aufgaben. Durch eine korrekte Analyse ist jede Erfahrung im Leben ein persönlicher Gewinn.

Führe dir immer vor Augen, was du bisher bewältigt hast. Tanke nützliche Energie aus den vergangenen Erfolgserlebnissen. Der kurze Blick zurück auf das bereits Geschaffte stärkt Geist und Seele. Daraus schöpfst du Kraft und Motivation für zukünftige Herausforderungen. Hast du deine gewünschten Zwischenschritte und Erfolge erreicht, dann feiere diese. Stärke damit deine Psyche. Überlege genau, was du dir gönnst, wenn du diesen nächsten Schritt geschafft hast.

Schaue auf das gegenüberliegende Bild und überlege, welche Hindernisse du schon überwunden hast. Freue dich auf dein Ziel.

Zweifel und Angst sind Botschaften deines Unbewussten. Es sind nur Informationen. Du entscheidest, wie du mit ihnen umgehst!

LEADERSHIP
BEDEUTET NICHT, DER
BESTE ZU SEIN.
LEADERSHIP
BEDEUTET, ALLE
ANDEREN BESSER
ZU MACHEN.
HÖRNDLER
CONSULTING

Potenziale vervielfachen

Stellen wir uns einen Lehrer vor, der nicht nur sein Wissen und seine Erfahrungen einbringt, sondern auf die Bedürfnisse der Lernenden eingeht. Die Schüler werden von ihm als Menschen mit Werten, Gefühlen und Emotionen behandelt. Es wird auf ihre Fähigkeiten, Potenziale und Besonderheiten eingegangen.

Nehmen wir die Menschen wirklich wahr? Behandeln wir sie nicht wie Maschinen, dann stärken wir ihre Persönlichkeit. Das ist der Grundbaustein, die Basis für erfolgreiche Führung auf jeder Ebene. Es betrifft uns alle. Das Leben besteht aus unterschiedlichen Führungsrollen, ob in der Familie, im Freundeskreis, in Vereinen und insbesondere im Beruf. Eine in sich gefestigte Führungskraft hat Vertrauen, dass die Menschen den Betrieb aktiv mitgestalten. Stellen wir das eigene Ego hinten an. Es geht nicht darum, den anderen zu zeigen, dass du der Beste bist. Es geht darum, dass jeder in deinem Team sein Bestes gibt und geben kann. Es ist das gemeinsame Schaffen, das Miteinander, das die größten Potenziale entfalten kann.

Zeige ehrliches Interesse am Gegenüber. Fördere eine offene und transparente Kommunikation. Analysiere die Fähigkeiten, Stärken und Talente deiner Mitmenschen. Vertraue auf ihre Potenziale, denn sie sind zusammen um ein Mehrfaches größer als alles, was du alleine leisten kannst.

39 Die Komfortzone verlassen

Ich verrate nun etwas, das viele, die mich heute kennen, kaum glauben werden. Heute halte ich viele Vorträge vor hunderten, manchmal tausenden Menschen. Früher wäre das für mich undenkbar gewesen. Ich hatte starke Probleme, ein Gespräch mit fremden Menschen zu starten. Somit legte ich zu Beginn meiner Selbstständigkeit den Schwerpunkt sehr gerne auf die sozialen Medien. Ich scheute die direkte persönliche Kommunikation. Ich verweilte lieber gemütlich auf der Couch und suchte im Internet nach neuen Kunden. Um am Markt überleben zu können, ist es jedoch notwendig, immer wieder persönliche Kontakte zu knüpfen.

Dann kam der Zeitpunkt, an dem ich spürte, dass es an der Zeit war, die bequeme Homezone zu verlassen. Ich probierte neue Dinge aus und besuchte Veranstaltungen. Dort platzierte ich mich anfänglich mit Überwindung zwischen fremden Leuten und begann zu reden. Ich besuchte Termine mit Business-Speed-Datings und stellte mich der Herausforderung, mich spontan und schnell vorzustellen. Ich lernte dabei spannende Menschen kennen. Nach einer Zeit war es ein tolles Gefühl, endlich die eigene Angst besiegt zu haben.

Wenn du nur oft genug deine eigenen Komfortzonen verlässt, dann wird dein Gehirn die Erfahrung machen, dass ungewohnte Situationen bewältigt werden können. Diese werden als positive Erinnerung abgespeichert und somit wird es dir zukünftig leichter fallen.

Tue daher Dinge, die du noch nie gemacht hast. Überwinde schwierige Hürden. Was kann dir im schlimmsten Fall passieren?

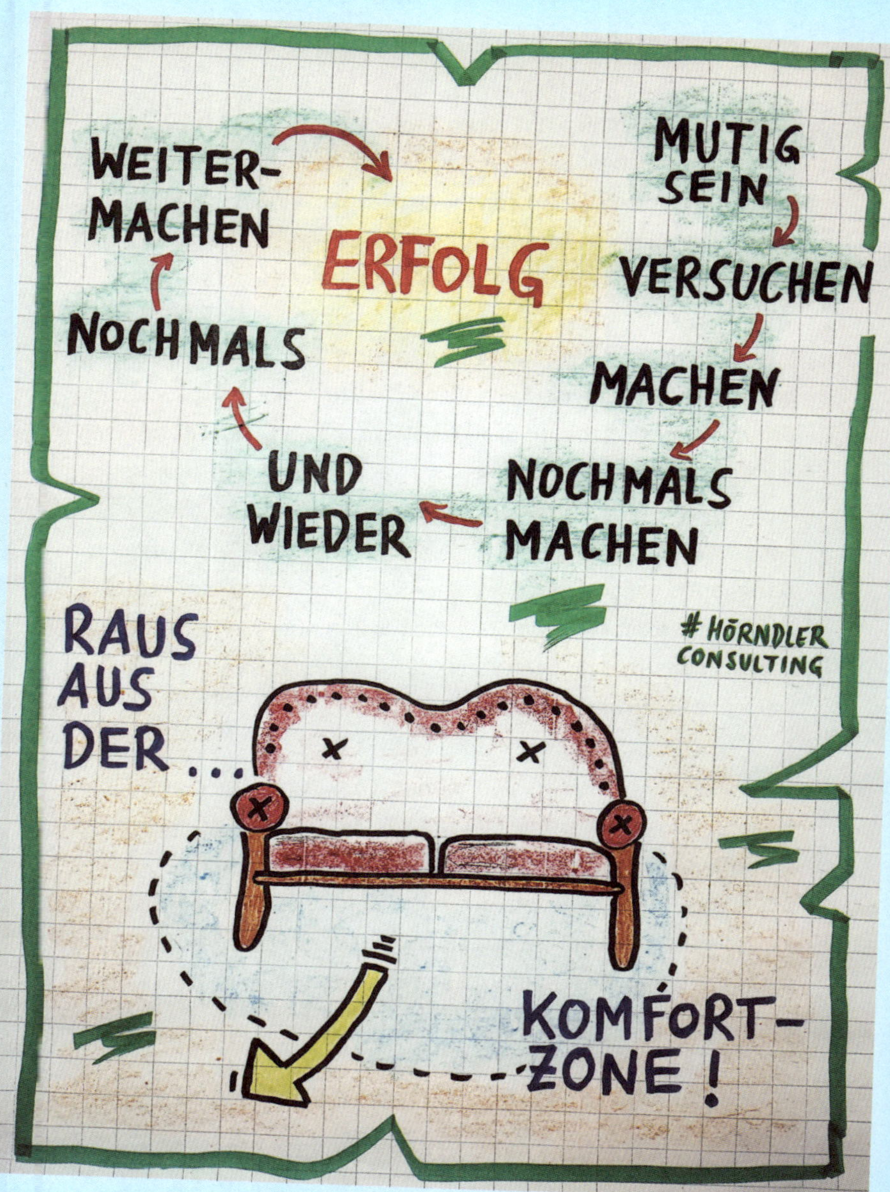
MUTIG SEIN
VERSUCHEN
MACHEN
NOCHMALS MACHEN
UND WIEDER
NOCHMALS
WEITER-MACHEN
ERFOLG
RAUS AUS DER ...
KOMFORT-ZONE!
HÖRNDLER CONSULTING

40 Menschliche Größe zeigen

Ein kleiner Seitenhieb auf einen Schüler im Unterricht. Ein abwertendes Wort gegenüber einem Kollegen. Oder ein lästiger Spruch mit einer verbalen Beleidigung in der Familie. Ein verletzendes Verhalten kann in vielen Formen auftreten. Es zeigt sich nicht nur durch das gesprochene Wort, sondern auch durch die Körpersprache.

Erniedrigungen können tiefe Wunden in der Psyche eines Menschen hinterlassen und ihn ein Leben lang begleiten. Persönlichkeiten mit Größe haben es nicht nötig, andere Menschen bewusst abzuwerten, um sich selbst besser zu fühlen. Wer sich seiner Größe bewusst ist, muss andere nicht in den Dreck stoßen, um selbst zu glänzen. Ich habe viele sehr erfolgreiche Menschen kennengelernt, darunter waren auch einige Choleriker, Narzissten und tyrannisch veranlagte Zeitgenossen. Die große Mehrheit waren aber Menschen, die zu wahrer menschlichen Größe stets fähig waren. Davon brauchen wir viel mehr heute und in Zukunft erst recht.

Sei respektvoll gegenüber den Mitmenschen. Nutze Machtpositionen und Führungsrollen auf keinen Fall aus. Mit deinem Verhalten zeigt sich dein wahrer Charakter als Mensch. Unterstütze andere bei ihrer Entfaltung. Begegne jedem auf Augenhöhe und achte bewusst auf die zwischenmenschliche Beziehung. Das hinterlässt in der Psyche der anderen positive Spuren. So stärkst du nicht nur dein Gegenüber, sondern auch dich selbst.

Wann hast du zum letzten Mal menschliche Größe gezeigt? Mit wie viel menschlicher Größe möchtest du dich sehen?

MERKE:

#HÖRNDLER CONSULTING

MENTAL STARKE PERSÖNLICHKEITEN HABEN ES NICHT NÖTIG, ANDERE MENSCHEN BEWUSST ABZUWERTEN, UM SICH SELBST BESSER ZU FÜHLEN!

EINE POSITIVE EINSTELLUNG ZU HABEN BEDEUTET NICHT, DASS WIR IMMER GUT GELAUNT SEIN MÜSSEN. ES BEDEUTET, DASS WIR AN SCHLECHTEN TAGEN TROTZDEM EIN GUTES GEFÜHL HABEN, DASS WIEDER BESSERE TAGE KOMMEN.
MINDSET
HÖRNDLER CONSULTING

Du hast die Wahl

41

Es gibt sie im Leben. Schlechte Momente, in denen einiges nicht nach Wunsch läuft. Tage, an denen wir in der Schule oder in der Familie ein negatives Erlebnis haben. Bei der Arbeit gibt es uninteressante Aufgaben, die uns nicht gefallen. Das ist auch in Ordnung. Wir benötigen solche Tage, um überhaupt wachsen zu können.

Speziell schwierige Situationen und Lebenskrisen stärken unsere Persönlichkeit. Im Leben und im Job ist nicht immer alles gleich schlecht. Wenn du ehrlich auf dein Leben zurückblickst, dann merkst du, dass nach einem negativen Erlebnis wieder schöne Tage kamen. Eine positive Einstellung zu haben bedeutet nicht, dass wir immer gut gelaunt sein müssen. Es bedeutet, dass wir an schlechten Tagen trotzdem ein gutes Gefühl haben, dass wieder bessere Tage kommen.

Es kommt nicht darauf an, sich immer eine rosarote Brille aufzusetzen, sondern so etwas wie positive Zuversicht für das Leben zu entwickeln.

Du hast dennoch immer die Wahl, mit welcher Einstellung du durch das Leben spazierst. Gehst du in der Früh mit einer fröhlichen Mimik außer Haus oder mit negativer Miene?

Zeichne auf einem Papierblatt zwei Köpfe, jeweils ein trauriges und ein lächelndes Gesicht.
Am Beginn des Tages blickst du dann auf das Papier und überlegst dir kurz: Welche Einstellung wählst du heute? Wie wird der heutige Tag werden? Was für ein Gefühl hast du?

DENKE NACH:
ES LEBEN AKTUELL SO VIELE MILLIARDEN MENSCHEN AUF DIESER WELT.
UND MANCHMAL LASSEN WIR UNS EINEN SCHÖNEN TAG VON NUR EINER EINZELNEN PERSON ZERSTÖREN!
#HÖRNDLER CONSULTING

Positive Erlebnisse zählen

Du hast dich am Abend mit einem Freund zum Essen verabredet. Der Hunger ist groß und du bist schon einige Minuten vorher am vereinbarten Platz. Es klingelt das Telefon. Dein Freund meldet sich und erzählt dir, dass er es heute leider nicht mehr schafft, da er noch einen Termin hat. Du regst dich massiv auf. Es schwirren negative Gedanken im Kopf herum. Kann er das nicht früher sagen? Ich hätte dann etwas anderes gemacht, denkst du enttäuscht. Du fährst wütend nach Hause. Du vergisst komplett die unzähligen freudigen Momente, die du heute erleben durftest: Eine Anerkennung vom Chef, einen netten Brief von einem Bekannten und einen erfreulichen Anruf von deiner Tochter. Du hattest nicht wenige Glücksgefühle, aber innerhalb einer Sekunde gerät alles wegen des Ärgers in den Hintergrund.

Im Alltag gibt es viele Gelegenheiten, bei denen wir uns zu Recht aufregen können. Aber einmal abgesehen davon, dass wir dann vielleicht unserer Wut und Enttäuschung Raum geben, gewinnen wir nichts. Wir sind wütend, weil unsere Erwartung enttäuscht worden ist. Es ist unsere Gereiztheit. Wir können entscheiden, ob wir uns wirklich ärgern wollen.

Es leben aktuell so viele Menschen auf dieser Welt. Erlaube nicht, dass eine einzige negative Person zu viel Gewicht bekommt und dir deinen wundervollen Tag zerstört.

Fokussiere dich auf positive Erlebnisse. Ändere die Perspektive und überlege, was dir am heutigen Tag besonders gut gelungen ist!

43 Überzeugung schafft Wirklichkeit

In der Zeitung siehst du eine Stellenbeschreibung. Du schickst eine Bewerbung ab und kurze Zeit später erhältst du eine Einladung. Mit dem Auto fährst du zum vereinbarten Treffpunkt. Es kommen plötzlich in dir große Zweifel hoch. Du fragst dich: »Bin ich überhaupt für diese Stelle geeignet?« und »Bin ich gut genug für den Job?« Was ist das Ergebnis? Im folgenden Gespräch strahlst du Unsicherheit aus und das Gespräch verläuft schlecht. Völlig enttäuscht und unzufrieden fährst du nach Hause. Dein Selbstvertrauen und dein Selbstwert sinken immer weiter.

Ziele, Träume und Erfolge sind nur zu schaffen, wenn du absolut überzeugt bist, dass sie auch wahr werden. Ansonsten werden innere Kritiker in vielen Situationen dein größter Feind. Wie stärkst du dich aber selbst? Wie kannst du oftmals unberechtigte innere Kritiker besiegen? Notiere einen positiven Satz über deine derzeitige Situation. Er könnte etwa für das Bewerbungsgespräch wie folgt lauten: »Mit meiner selbstbewussten Art löse ich Begeisterung aus.« Nutze nun die Kraft der Affirmationen und lasse dein Unbewusstes für dich arbeiten. Schreibe den Satz täglich eine Woche vor dem Bewerbungsgespräch konsequent fünfmal hintereinander auf. Führe jeden Tag ein Gespräch mit dir selbst und wiederhole diesen Satz eine Minute lang. So ein tägliches Selbstgespräch lässt sich im Alltag leicht unterbringen. Wichtig ist aber, dass du den Satz wirklich sprichst.

Denn wenn wir unserem Gehirn helfen, fest an etwas zu glauben, dann wird es wahr.

ZIELE - TRÄUME -
ERFOLGE - GLÜCKLICH
SEIN - ....
SCHAFFEN WIR DANN,
WENN WIR AUSNAHMSLOS
DAVON ÜBERZEUGT SIND,
DASS SIE AUCH WAHR
WERDEN.
EINSTELLUNG
KOPF-
SACHE
MINDSET
HÖRNDLER
CONSULTING

5.

Welche Dinge sind dir wichtig?

44 »Nein« sagen macht uns stärker

Es gibt Zeiten, in denen das Gefühl hochkommt, dass du an der Arbeit erstickst. Genau dann fragt ein Kollege, ob du ihm bei der Ausarbeitung eines neuen Planes helfen könntest. Im Verein ist jemand ausgefallen. Du kennst dich aus und springst ein. Und noch weitere gefühlt hundert Sachen fallen gleichzeitig an. Es kommt so viel zusammen, dass es dir zu viel wird. Du weißt nicht, wo du anfangen sollst.

Wer immer Ja sagt, tappt in die Harmoniefalle und wird schnell ausgenutzt. Das natürliche psychologische Grundbedürfnis nach Zugehörigkeit lässt Menschen gerne Ja sagen, obwohl ein Nein gut für sie wäre. Wieso fällt es Menschen schwer, manchmal zu sagen: »Es tut mir leid, es geht jetzt einfach nicht«?

Trainiere, Nein zu sagen und beobachte, wie gut es dir tut. Du kannst zum Beispiel mit dem Medienkonsum anfangen. Denn auch hier kommt es zu Überangeboten, Überfrachtungen und Dauerberieselungen. Ständig prasseln Informationen, Werbungen und Inhalte auf uns ein. Füttere dein Gehirn mit positiven Erfahrungen mit dem Neinsagen. Du wirst merken, dass es dir dann leichter fällt, Nein zu sagen. Das erspart Zeit und schenkt positive Energie. Achte auf deine Gesundheit. Bestimme und respektiere deine Grenzen. Konzentriere dich auf deine Bedürfnisse und lebe danach.

Analysiere die aktuelle Situation und sei dir bewusst, welche Konsequenzen für dich entstehen. Nimmst du dir für dich selbst ausreichend Auszeit?

JA SAGEN HAT FOLGEN
NEIN
KENNE UND RESPEKTIERE DEINE GRENZEN!
STOP
NEINSAGEN MACHT UNS STÄRKER
HÖRNDLER CONSULTING

ES IST VÖLLIG OK,
ANDERS ZU SEIN.
HÖRNDLER
CONSULTING
#
HÖRNDLER
CONSULTING

Es ist völlig okay, anders zu sein 45

Anders zu sein und von der Norm abzuweichen, erfordert hauptsächlich Mut. Damit rücken wir in den Mittelpunkt des Geschehens und fallen auf. Es kommt immer wieder mal zum berühmten Fingerzeig. Wer anders ist, gehört nicht dazu, gilt als rebellisch, bockig, wird schnell weniger akzeptiert. Leider wird nur selten hinterfragt, wieso eine Person anders ist.

Der Mensch liebt es, wenn er in der Gruppe dazugehört. Unsere genetische Grundprogrammierung macht uns zu sozialen Wesen. Trotz aller Eigenheiten strebt jeder Mensch nach Wertschätzung und inniger Zuneigung.

Als Kind wurde uns von Eltern und der Gesellschaft beigebracht, wie wir uns zu verhalten haben. So haben wir gelernt, uns einzufügen und nicht aus der Reihe zu tanzen. Es ist aber auch völlig in Ordnung, anders zu sein. Du bist du! Denn jeder Mensch sammelt in seinem Leben seine eigenen Erfahrungen und Erlebnisse. Es ist sogar für die anderen gut, wenn du anders bist. Anders sein ist kein Makel. Sonst hört jeder die gleiche Musik oder liebt denselben Urlaubsort in Österreich. Verschiedenheit hilft, neue Ideen zu entwickeln. Vielleicht inspiriert dein Anderssein sogar die Menschen und eröffnet noch unbekannte Sichtweisen.

Akzeptiere dich selbst und wähle deinen individuellen Weg. Überlege dir, was du richtig gut kannst. Was macht dich liebenswert? Auf welchen Gebieten bist du etwas Besonderes?

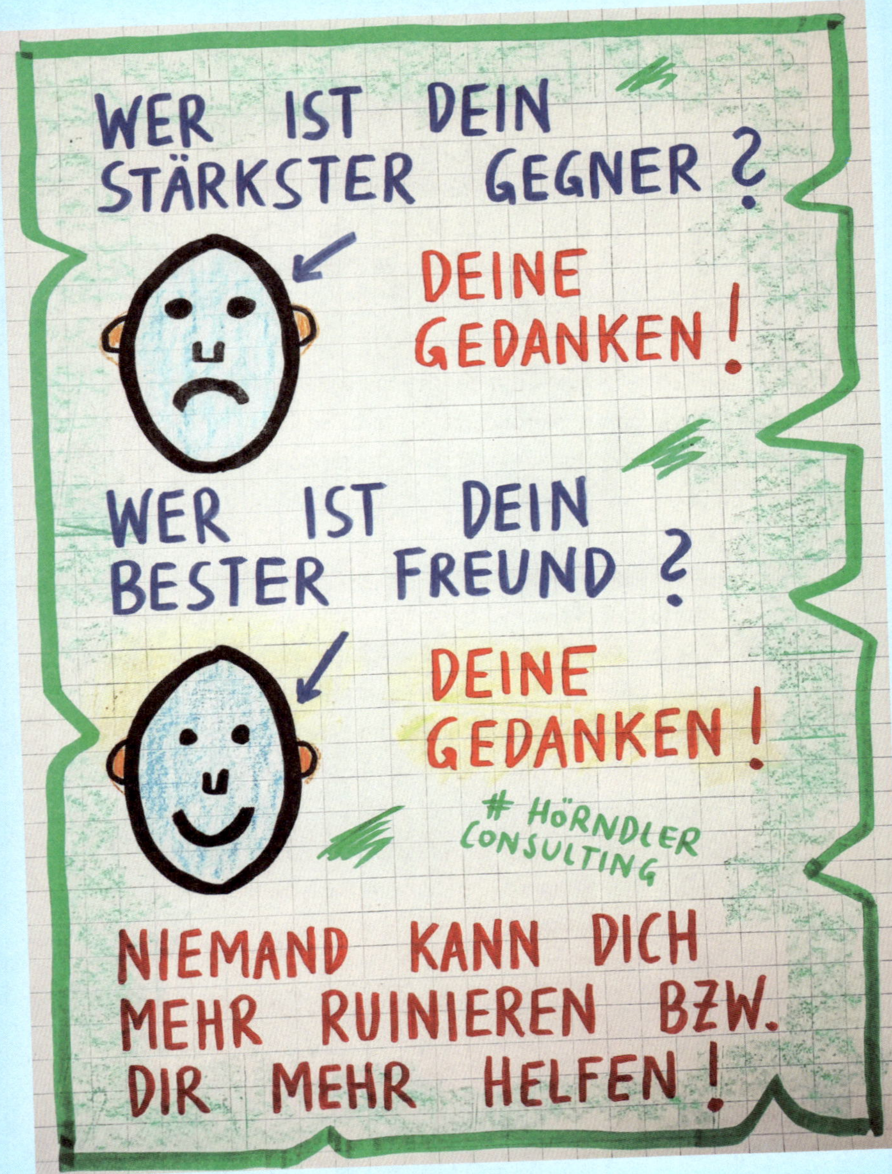
WER IST DEIN
STÄRKSTER GEGNER?
DEINE
GEDANKEN!
WER IST DEIN
BESTER FREUND?
DEINE
GEDANKEN!
HÖRNDLER
CONSULTING
NIEMAND KANN DICH
MEHR RUINIEREN BZW.
DIR MEHR HELFEN!

Gedanken formen dich

Unsere Gedanken sind im Leben sehr mächtig, denn sie konstruieren unsere Realität. Sie bestimmen die Handlungen, die Gefühle und unsere Wahrnehmung der Wirklichkeit. Sie haben einen großen Einfluss auf unser Verhalten in der Familie und somit auf unser ganzes Leben. Daher ist es nicht egal, was und wie wir denken.

Nimm dir eine Minute Zeit und wage ein Experiment. Versuche bewusst, in diesem Moment einmal an gar nichts zu denken. Starre dabei auf einen bestimmten Punkt. Es wird dir vermutlich nicht gelingen. Nach nur kurzer Zeit kommt automatisch ein Gedanke hoch.

In Wahrheit ist der Verstand der zentrale Schalter im Leben. Tag und Nacht sind deine Gedanken dein ständiger Begleiter. Egal, um welches Thema es sich handelt.

Es sind ausschließlich deine Gedanken, die dich entweder traurig stimmen oder dir ein glückliches und zufriedenes Leben bescheren. Schließe vor dem Einschlafen im Bett den Tag noch mit positiven Gedanken und Erinnerungen ab. Es hebt deine Laune und Gemütslage.

Achte auch auf die Worte, mit denen du denkst. Schaue auf das Bild auf der gegenüberliegenden Seite und mache dir bewusst, dass du dein bester Freund oder dein stärkster Feind sein kannst.

47 Was wirklich zählt

Am Ende deines Lebens interessiert es maximal die Erben und sonst niemanden, wie hoch dein Kontostand ist. Um Karriere, Macht und Status zu erhalten, arbeiten wir aber lange in den Abend hinein und sind ständig erreichbar. Innerhalb nur einer Sekunde rückt jeder materielle Reichtum aber am Ende des Lebens in den Hintergrund. Es wird egal, welche unterschiedlichen Autos wir gefahren sind, wie groß die Häuser und wie modern die Pools waren. Was haben wir nicht alles auf uns aufgenommen, um genau so ein Leben zu führen? Viele Jahre jagten wir materiellen Sachen hinterher, weil die Gesellschaft und Werbung uns dazu animierten. Und was bleibt dann letztlich übrig?

Was wirklich zählt, sind die schönen Ereignisse und Erlebnisse, die uns erfüllen. Es sind die gemeinsam verbrachten Zeiten und die wunderbaren Gespräche mit Familie und Freunden. Die zwischenmenschlichen Begegnungen bleiben im Gedächtnis. Wir erinnern uns auch gerne an Tätigkeiten, in denen wir einen Sinn im Leben gespürt und erlebt haben.

Was sind deine Werte im Leben? Was erfüllt dich wirklich? Der Fokus zählt. Halte kurz inne und beschäftige dich mit diesen Fragen.

STATUS
GELD
LEBEN
STATUS
GELD
AUTO
MACHT
LEBEN
AUTO
MACHT
GELD
GELD
GELD
STATUS
AUTO
ENDE
LEBEN
HÖRNDLER CONSULTING

48 Urteile nicht über andere

Denken wir an ein Bewerbungsgespräch. Ein Bewerber betritt das Büro. Wir sind schockiert, weil uns sofort mehrere Tattoos und viele Piercings im Gesicht auffallen. Ohne überhaupt nur einen Satz gesprochen zu haben, haben wir uns innerhalb kürzester Zeit unbewusst eine Meinung gebildet. Manchmal hilft es uns, andere zu kritisieren, um sich selbst damit sicherer zu fühlen. Auf diese Art kontrollieren wir unser Leben und unsere Umgebung.

Urteile nicht über das Leben anderer Menschen. Im Laufe der Lebenszeit haben wir unzählige Erfahrungen gesammelt. Geballt durch eine Reihe von Erlebnissen und so manchen Schicksalsschlägen, bilden wir eine eigene Wahrnehmung. Mache dir bewusst, welchen Bruchteil du in Wahrheit vom Gegenüber kennst und wie viel davon haltlose Bewertungen sind.

Manchmal nehmen wir gerne nur das wahr, was wir überhaupt sehen wollen. Versuche, dich in die Lage der anderen Person hineinzuversetzen und betrachte die Situation durch die Augen des Gegenübers. Ein sachlicher Perspektivenwechsel ist für uns von größter Bedeutung.

Bewerte nicht ständig andere Personen, sondern nutze lieber die Energie für dich selbst. Eine ehrliche Einschätzung unserer eigenen Person wäre für alle Menschen sehr nützlich.

EINIGE MENSCHEN SIND GUT DARIN, ANDERE SCHNELL ZU VERURTEILEN, ABER SCHLECHT DARIN, SICH SELBST ZU KORRIGIEREN.
EHRLICHE SELBSTEINSCHÄTZUNG TÄTE UNS ALLEN GUT!
HÖRNDLER CONSULTING
SELBST-ANALYSE

WIE WIR DIE WELT BETRACHTEN, HÄNGT STARK VON UNSERER WAHRNEHMUNG AB.
LEBEN
HÖRNDLER CONSULTING
LEBEN
GEFANGEN
OPFER
LEBEN

Deine Betrachtungsweise entscheidet 49

Zwei Menschen betrachten ein Gemälde an der Wand und fingen an, darüber zu diskutieren. Obwohl es das gleiche Bild darstellt, sieht der Erste nur die schwarzen Stangen. Er ist überzeugt, dass das Gemälde einen Gefangenen darstellt, der nach Freiheit sucht. Die andere Person widerspricht ihm sofort. Er nimmt ein buntes Leben wahr, heiter gestaltet, mit einer Sonne, Natur und zwei Bäumen. Wie wir die Dinge betrachten und welche Dinge wir für wichtig halten, hängt stark von unseren Erfahrungen und Einstellungen ab.

Es ist grundsätzlich leichter, sich eine Opferrolle auszumalen und anderen für die aktuelle Lage die Schuld zu geben. Das ist eine sehr bequeme und komfortable Position. Sie hat nur einen Nachteil: Sie macht nicht glücklich.

Schaue hingegen bewusst in den Spiegel und du siehst klar den einen Menschen, der für sein Glück und für die Zufriedenheit verantwortlich ist. Genau diese eine Person ist für die Betrachtungsweise deines Lebens zuständig. Denke daran, der Mensch im Spiegel unterstützt dich immer, er ist jederzeit auf deiner Seite, falls du es zulässt.

Aufgrund von Erfahrungen, Einstellungen und dem subjektiven Empfinden der Wirklichkeit kommt unsere eigene Auffassung des Lebens zum Vorschein. Zufriedenheit ist eine Angelegenheit der persönlichen Entscheidung.

Mit welcher Betrachtungsweise nimmst du dein Leben wahr?

NICHT IMMER
SCHNELLER
HÖHER
WEITER
SONDERN
LANGSAMER
BEWUSSTER
MENSCHLICHER
HÖRNDLER CONSULTING

Bewusster leben

50

In der heutigen Gesellschaft dominieren Stressfaktoren, Leistungsdruck, Weltprobleme und Zukunftssorgen den Alltag. Wir laufen alle in einem Hamsterrad und sind überzeugt, es muss immer weiter, schneller und höher gehen. Es entstehen durchgetaktete Termine und Momente ohne Erfolgsaussichten. Menschen kommen zum Teil mit diesen Situationen nicht mehr klar. Was folgt? Massive Überforderungen, persönliche Frustrationen und Angstzustände. Bei vielen Menschen steigt der Wunsch nach Veränderungen.

Es bedeutet nicht, dass Leistungen unmenschlich sind. Der Mensch ist gewillt, sein Leistungsvermögen auszuschöpfen. Wir haben reichlich Potenzial in uns und sind fähig, unmögliche Herausforderungen zu meistern. Aber: Eine dauernd steigende Geschwindigkeit hat Schattenseiten. Es wird der Mensch vergessen. Manchmal hilft ein Gang zurück mehr. Aus den Sportwissenschaften können wir lernen, dass Pausen sehr viel mehr zum Erfolg beitragen als vermutet. Sie helfen wieder, ausreichend Energie und Zuversicht zu sammeln. Dauernd in nur einer Sportart trainieren, ohne Erholungspausen, würde Substanz kosten. Wir verlieren Freude, Begeisterung und jegliche Leidenschaft. In Bezug auf Aufgaben im Job und die Karriere gilt Ähnliches.

Durch Pausen und bewussteres Wahrnehmen wird dein Fokus auch auf das Wichtigere gelenkt – auf menschliche Werte. Menschlichkeit ist ein Beitrag für unsere eigene Zufriedenheit und eine bessere Welt.

Nimm dir bewusst Zeit und mach dir Gedanken darüber.

51 Anderen Erfolg gönnen

Ein Mitarbeiter hat sein Studium mit Auszeichnung abgeschlossen. Ihr geht am Abend in eine Bar, um auf diesen Erfolg anzustoßen. In der Runde ist ein Kollege, der ihm zwar persönlich gratuliert, aber nicht ganz glücklich wirkt. Er macht sich Sorgen, dass er dadurch eine gewünschte Stelle in Zukunft nicht antreten kann. Neidisch blickt er auf seinen Kollegen. In seinem Kopf kreisen nur negative Bilder. Bei ihm entwickelt sich ein starkes Konkurrenzdenken.

Es ist für Menschen von Bedeutung, dass sie sich an den schönen Erlebnissen der anderen mitfreuen. Sei dafür genauso dankbar wie für die Wertschätzung und Anerkennung, die du selbst bekommst. Heute geht es meist um den Erfolg des gesamten Teams. Konkurrenzdenken und Angst vor Machtverlust werden dich eher begrenzen als nach vorne bringen.

Freue dich immer ehrlich über den Erfolg anderer mit. Dies gilt insbesondere für Führungskräfte. Wenn ein Mitarbeiter ein Erfolgserlebnis hat, dann bring ihm vor versammelter Mannschaft eine entsprechende Wertschätzung entgegen. Genieße und schätze die gute Gemütslage innerhalb deiner Umgebung. Dann geben die Erfolge der anderen dir Kraft. Neid und Konkurrenzdenken rauben uns nur Energie.

Lasse die Menschen in deinem Umfeld groß werden.

ICH MAG MENSCHEN –
INSBESONDERE
FÜHRUNGSKRÄFTE –,
DIE SICH ÜBER DIE
ERFOLGE DER
ANDEREN MITFREUEN
KÖNNEN!
ERFOLG
WOW!
SUPER
#HÖRNDLER
CONSULTING

52 Sinn finden

In der Schule, in der Ausbildung und im Job haben wir bereits viele Aufgaben im Leben geschafft. Wir haben es gemacht, weil es sich so gehört. Es gibt eine beachtliche Anzahl von Gründen, warum Menschen einer bestimmten Tätigkeit nachgehen. Manche Menschen motivieren sich mit Geld, andere mit Anerkennung und Erfolgen. Jeder Grund, der einen antreibt, ist okay. Personen aber, die keinen Sinn in dem erkennen, was sie tun, laufen Gefahr, in Burn-out, Bore-out oder in eine Depression zu schlittern.

Schauen wir die Vereine und Hilfsorganisationen an. Tausende Stunden arbeiten Menschen freiwillig, um zu helfen, ohne nur einen Cent zu bekommen. Sie erkennen den Sinn dahinter, andere zu unterstützen oder in einer Notlage Menschen beizustehen. Das gute Gefühl treibt sie an. Auch die Gemeinschaft steht oft im Vordergrund. Es ist das schöne Gefühl der Zugehörigkeit, das sie in diesem Moment erfüllt.

Es ist von großer Wichtigkeit, zu erkennen, warum du etwas tust. Verstehe die Sinnhaftigkeit hinter deiner Tätigkeit. Hat das, was du tust, eine positive Konsequenz? Erschaffst du durch die Handlung eine bessere Welt? Für viele Menschen ist das sehr wichtig. Anders sind Engagements bei Greenpeace, Tierschutzorganisationen und sogenannten Klimaklebern kaum zu erklären. – Kläre also für dich die Sinnfrage. Was treibt dich wirklich an? Egal, was es ist, jedes Ziel ist okay. Denn wenn du ein Ziel hast, dann weißt du dein Warum und genau darauf kommt es an.

Was ist der Sinn deines Lebens?

MOTIVATION
WAS ICH TUE,
HAT EINE POSITIVE
AUSWIRKUNG.
#HÖRNDLER
CONSULTING
SINNHAFTIGKEIT
DER
TÄTIGKEIT
ERKENNEN.
SINN
ZUFRIEDENHEIT

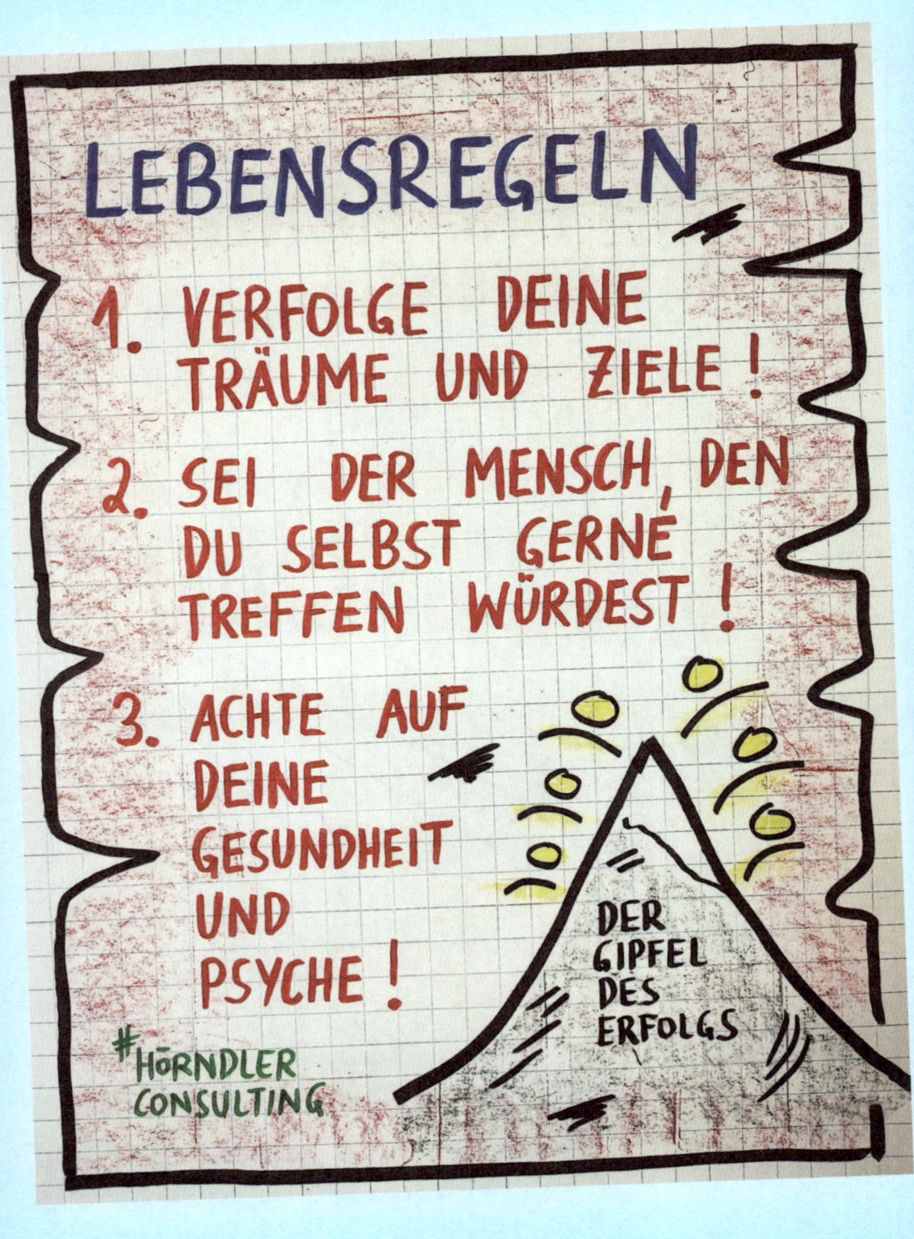
LEBENSREGELN
1. VERFOLGE DEINE TRÄUME UND ZIELE!
2. SEI DER MENSCH, DEN DU SELBST GERNE TREFFEN WÜRDEST!
3. ACHTE AUF DEINE GESUNDHEIT UND PSYCHE!
DER GIPFEL DES ERFOLGS
#HÖRNDLER CONSULTING

Dem Hamsterrad entspringen

53

Menschen leben oftmals in den Alltag hinein. In der Früh aufstehen, zeitig zur Arbeit fahren und der große Freizeitstress nach dem Job. Der komplette Tag ist wieder vorbei, ohne das Gefühl gehabt zu haben, richtig zu leben und den Tag zu genießen. Sie sind traurig über unerfüllte Träume, ärgern sich über die Mitmenschen und fürchten sich vor Krankheiten. Im schlimmsten Fall drohen psychische Probleme aufgrund der herausfordernden Zeiten mit Stress und Druck.

Unser Leben ist einzigartig. Die entscheidende Frage ist, was wir daraus machen. Mit nur wenigen Regeln nimmt das Leben manchmal eine andere Wendung. Verfolge bewusst deine Träume und Ziele. Schaue in den Spiegel und sei der Mensch, den du selbst gerne treffen würdest. Egal, ob als Sportler, Kunde, Führungskraft oder als Mutter. Fördere die Achtsamkeit gegenüber den Mitmenschen, denn wir sind alle miteinander verbunden.

Verbringe Zeit in der wunderschönen Natur. Denn jede ruhige Minute, die wir mit Bewegung ohne Smartphone draußen genießen, gibt uns unendlich viel Kraft und Energie. Achte bewusst auf deine Gesundheit und verfestige deine mentale Psyche.

Halte kurz inne und denke nach. Wie stärkst du Körper, Geist und Seele?

MARKUS, HEUTE HABE ICH ZWEI BOTSCHAFTEN FÜR DICH.
#HÖRNDLER CONSULTING
1. DIE SCHLECHTE BOTSCHAFT: WIR KÖNNEN ES NIE ALLEN RECHT MACHEN.
2. DIE GUTE BOTSCHAFT: DAS IST AUCH NICHT RELEVANT UND WICHTIG.

Zwei Botschaften an dich

Meine gezeichneten Bilder teile ich gerne in sozialen Medien wie Facebook oder LinkedIn. So erreiche ich heute ein Millionenpublikum und löse vielfältige Reaktionen aus. Wenn ich die Kommentare zu den Zeichnungen begutachte, ist primär eines klar: Es gibt unterschiedliche Meinungen. Jeder Mensch sammelt im Leben eine breite Palette an Erfahrungen. Durch diese Brille betrachtet er meine Zeichnungen und nimmt sie manchmal nicht so wahr, wie ich das erwartet habe.

Es gab auch schon Kommentare, in denen ich zutiefst kritisiert wurde, manchmal gefolgt von einer Beleidigung. Menschen fühlten sich von mir auf den Schlips getreten. Manche Bemerkungen waren ein Schlag ins Gesicht und verletzten mich tief. In Wahrheit oder mit Abstand betrachtet ist es aber zu akzeptieren, dass jeder eine eigene Wahrnehmung und seine eigene Meinung hat. Wenn wir bewusst andere, nicht erwartete Denkweisen hinterfragen, ergibt sich daraus Potenzial zum Lernen.

Ich machte bei meinen Bildern die Erfahrung, dass es immer neue Ansätze gibt. Es gab Situationen, bei denen sich durch Kommentare meines Publikums die eigene Sichtweise änderte und ich meine Bilder dann neu gestaltet habe.

Diese Erfahrungen beinhalten zwei Botschaften. Erstens: Du kannst es nie allen recht machen. Weder einem Millionenpublikum noch einem kleinen Kreis auf Teamebene. Zweitens: Das ist für deinen Erfolg auch nicht so relevant und wichtig.

6.

Prinzipien für ein besseres Miteinander

55 Lebenslanges Lernen

Du willst eine neue Sportart erlernen. Dreimal in der Woche stehst du auf dem Platz, um Tennis zu spielen. Ein Trainer führt dich in die Materie ein. Bei jedem Training erzielst du Fortschritte und entwickelst dich weiter. Oder du probierst ein neues Gericht zu Hause aus. Im Internet suchst du nach einem leckeren Rezept. Beim Abendessen mit der Familie werden dann alle deine neuen Kochkünste loben und dein Essen bewundern. Im Sommer fliegst du nach Spanien und lernst eine andere Sprache kennen. Du bist neugierig und mithilfe mobiler Apps versuchst du, einzelne Wörter in dein Gedächtnis zu bringen. Am Ende des Urlaubs verstehst du einfache Floskeln.

Wir lernen neue Dinge umso besser, je neugieriger wir sind. Im Laufe unseres Lebens sammeln wir so laufend neues Wissen. Lernen ist ein Prozess, der nicht nach der Schule oder dem Studium endet. Wir können unser ganzes Leben lang lernen. Starke Persönlichkeiten sind immer bereit, etwas Neues zu erfahren. Sie nehmen sich bewusst Zeit, um weiterzuwachsen.

Doch auch du bist schon auf Menschen getroffen, die glauben, sie wissen alles auf der Welt. Sie können durchaus Meister ihres Faches sein, doch eine solche Haltung führt in die Sackgasse, denn so entwickelt sich niemand weiter. Die Arbeits- und Gesellschaftswelt ändert sich aber laufend. Immer wieder rasen neue Techniken auf uns zu.

Nutze deine natürliche Neugierde und lerne so, deine Herausforderungen in den Griff zu bekommen. Erinnere dich in zweifelnden Momenten an das positive Gefühl, das sich einstellt, wenn wir Neues begreifen.

MENSCHEN, DIE GLAUBEN, SIE WISSEN ALLES AUF DER WELT ...
... STEHEN IRGENDWANN AN!
MENSCHEN, DIE NEUGIERIG SIND UND SICH WEITERBILDEN ...
... FINDEN NEUE ERKENNTNISSE UND PERSPEKTIVEN!
HÖRNDLER CONSULTING

56 Ein Wirgefühl entwickeln

Ein Boss zeichnet sich stark durch Macht und Kontrolle aus. Im Vordergrund steht seine eigene Meinung. Die Ideen der Teammitglieder werden klein gehalten. Der Chef ist der Einzige, der die Entscheidungen trifft. Dadurch kann kein Teamgefühl entstehen.

In der heutigen Zeit benötigen wir jedoch inspirierende, ermutigende und kreative Köpfe, um die Herausforderungen von Unternehmen und Gesellschaft zu meistern. Eine positive Kultur in der Führung basiert auf einer offenen Kommunikation und Förderung der Stärken. Hier ist das gemeinsame Tun von Bedeutung. Entwickle ein Wirgefühl und binde andere ein. Setze auf teamfördernde Maßnahmen. Frage bei Besprechungen um Rat und diskutiere offen über Sachverhalte. Stelle eine Wand auf, an der Menschen ihre Verbesserungsvorschläge aufschreiben dürfen. Kündige an, dass diese bei der nächsten Besprechung verlässlich behandelt werden.

Warum macht das Sinn? Wenn Menschen beteiligt werden, wenn Menschen sich einbringen dürfen, dann ist ihr Einsatz im Anschluss größer. Sie fühlen sich wahrgenommen und identifizieren sich mit der Firma sowie den anstehenden Aufgaben besser. Die Mitarbeiter werden dann wichtige Botschafter nach außen. Das ist unbezahlbar.

Der Teamgedanke gilt nicht nur für Firmenchefs, sondern zum Beispiel genauso für Vereine, für Organisationen, für Familien und für alle Menschen.

Überlege: Wo kannst du aktuell in deinem Leben das Wirgefühl steigern?

BOSS VS.
FÜHRUNGSKRAFT
"UNSERE IDEEN
BRINGEN
SOWIESO NIX"
ICH, ...
ICH, ...
ICH, ...
GEMEINSAME
VERANTWORTUNG
WIR, ...
WIR, ...
HÖRNDLER
CONSULTING
EHRLICHE KOMMUNIKATION

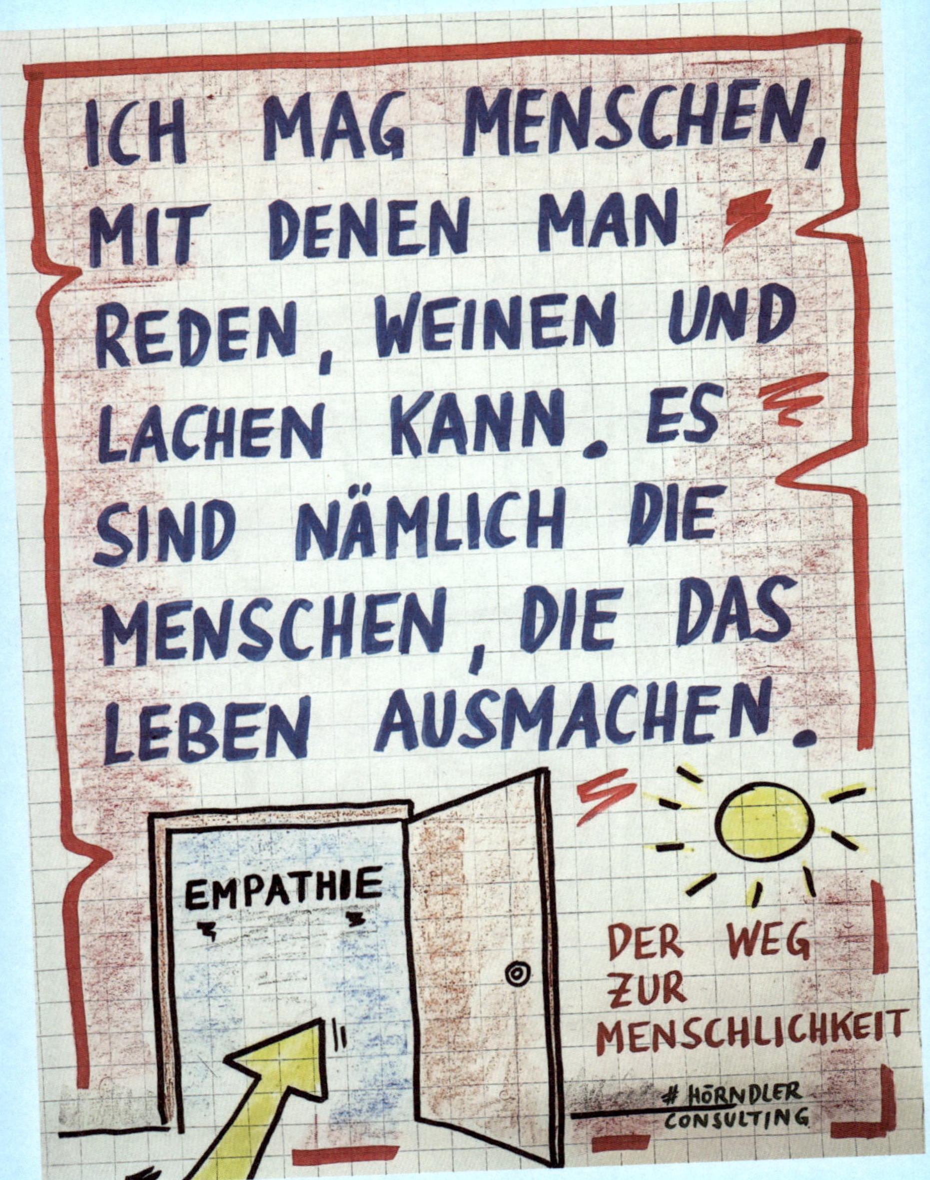
ICH MAG MENSCHEN, MIT DENEN MAN REDEN, WEINEN UND LACHEN KANN. ES SIND NÄMLICH DIE MENSCHEN, DIE DAS LEBEN AUSMACHEN.
EMPATHIE
DER WEG ZUR MENSCHLICHKEIT
HÖRNDLER CONSULTING

Deine Gefühle teilen

In der Vormittagspause triffst du auf eine liebe Arbeitskollegin und fragst sie, wie es ihr so geht. Sie antwortet: »Danke, es passt.« In Bezug auf diese Frage wird uns oft allgemein mitgeteilt, dass alles in Ordnung sei. Du kennst deine Kollegin schon länger und merkst in ihrem Gesicht eine Anspannung. Du spürst, dass ihre Antwort eine Floskel war. Daher stellst du weitere Fragen.

Plötzlich bricht sie in Tränen aus und erzählt dir, dass ein langjähriger Kunde sie heute beschimpft hat. Leider hat sie einen dummen Fehler gemacht, der ihr schwer zu schaffen macht. Du hörst dir die ganze Geschichte an und beruhigst sie. Ihr sucht gemeinsam eine Lösung und du bestärkst sie bei ihrem Vorhaben, den Fehler wieder auszubessern. Danach nehmt ihr die Situation mit Humor und lacht sogar zusammen. Sie bedankt sich bei dir für die großartige Unterstützung und für die persönliche Freundschaft.

Die Welt benötigt Menschen, mit denen wir reden, lachen und manchmal sogar weinen können. Für uns sind solche persönlichen und angenehmen Gesprächspartner unersetzbar.

Sag nicht, dass alles in Ordnung ist, wenn dir etwas am Herzen liegt. Teile offen deine Gefühle mit. Sprich sie mit Ehrlichkeit an. Es tut dir gut!

ICH MAG MENSCHEN, AUF DIE MAN SICH VERLASSEN KANN, DIE IHR WORT HALTEN UND FÜR DIE EIN VERSPRECHEN NOCH ETWAS BEDEUTET!
#HÖRNDLER CONSULTING

Wort halten

58

Ein Mann sucht gemeinsam mit seiner Freundin eine Wohnung in einer anderen Stadt. Nach kurzer Zeit finden sie eine passende Wohnstätte. Es folgt der Umzug in die neue Stadt. Unzählige Kartons und Utensilien stapeln sich. Der Umzugstag wird festgelegt und ein Transporter gemietet. Der Mann bittet einen Freund um Hilfe für den Umzugstag. Dieser verspricht zu helfen und sagt fest zu. Doch am Samstag in der Früh ruft sein Freund an und erklärt, dass er heute leider nicht helfen kann. Er hat einen dringenden Termin wahrzunehmen.

Handschlagqualität sieht anders aus. Ein Versprechen ist schnell im Alltag ausgesprochen. Es hat aber eine Verbindlichkeit. Bei Nichteinhaltung der abgemachten Zusage entsteht große Enttäuschung. Es kommt zum Vertrauensverlust. In der heutigen Zeit und den laufenden Veränderungen ist es nicht immer leicht, alle unsere Zusicherungen zu halten. Sind wir einmal in dieser Lage, sind Ehrlichkeit und eine aufrichtige Entschuldigung die beste Lösung. Sprich offen die aktuelle Situation an und zeige Mitgefühl.

Noch wichtiger ist aber deine Haltung. Wenn du möchtest, dass diese Welt zu einem besseren Ort wird, dann gelingt das kaum, wenn deine Versprechen dir egal sind und dir egal ist, wie es anderen dabei geht.

Die Welt benötigt Menschen, auf die wir uns verlassen können, die zu ihrem Wort stehen und denen ein Versprechen etwas bedeutet. Das ist nicht immer leicht. Es ist eine Frage der inneren Haltung.

59 Vier magische Worte: Es tut mir leid

Ein erfahrener Chef entschuldigt sich bei seinen Mitarbeitern. Ein Politiker spricht in der Öffentlichkeit und gibt dabei einen Fehler zu. Ein Familienvater zeigt Reue gegenüber seinen Kindern, denn er hatte eine Konfliktsituation falsch eingeschätzt und unverhältnismäßig reagiert. In solchen Lebensmomenten gibt es vier kleine Wörter, die Wunder bewirken können: Es tut mir leid.

Sie gelten für jede Person, unabhängig von ihrer Hierarchie. Stell dir vor, eine Führungskraft entschuldigt sich so bei seinem Mitarbeiter. Welche Kraft und Dynamik würden diese Worte dann auslösen? Sofort würde deutlich: Unabhängig von der Position oder dem Status, in dem wir uns befinden, sitzen wir hier alle im gleichen Boot.

Es sind nur vier einfache Wörter, aber es fällt uns verdammt schwer, sie tatsächlich im Leben auszusprechen. Ich frage mich, warum ist das so. Denn, wenn ich meine Mitmenschen verletzt, enttäuscht, vor den Kopf gestoßen oder in Schwierigkeiten gebracht habe, sind persönliche und ehrlich gemeinte Entschuldigungen etwas Wunderbares. Sie zeugen von Mut, Respekt und Ehrlichkeit. Sie machen uns nicht nur stärker, sondern vor allem menschlicher. Und sie zeigen dem Gegenüber, dass wir ihn für wertvoll halten, denn sonst würden wir uns nicht entschuldigen.

Daher liebe ich Menschen, die »Es tut mir leid« sagen können.

Wann hast du zuletzt die vier magischen Worte benutzt?

ICH MAG MENSCHEN, DIE „ES TUT MIR LEID" SAGEN KÖNNEN, ANSTATT SICH IMMER BLÖD RAUSZUREDEN!
ES TUT MIR LEID
HÖRNDLER CONSULTING

60 Das Zauberwort ist Dankbarkeit

In der Regel fällt uns ein Fehler bei zehn Mathematikrechnungen sofort auf, obwohl die anderen neun Rechnungen stimmen. In einem Buch sind unzählige Wörter zu finden, aber ein Rechtschreibfehler ist gleich mal gefunden. Auf der Welt gibt es tagtäglich eine Unmenge an Lieferungen, dennoch ärgern wir uns, wenn ein Paket erst einen Tag später ankommt.

Kritiker, denen wir uns anschließen können, sind manchmal mühelos zu finden. Sie meinen, jedes Haar in der Suppe zu entdecken, sie wissen immer exakt, was schlecht läuft. Eine Beschwerde ist schnell ausgesprochen und hat in manchen Situationen eine Berechtigung. Es kommt auf die Dosis an. Seien wir uns jedoch bewusst, sie lenkt den Fokus in eine negative Richtung.

Wir investieren unsere Kraft oft in Beschwerden und Ärger und vergessen dabei, was uns alles Gutes im Leben widerfährt. Das Zauberwort ist Dankbarkeit, was wiederum positive Gefühle erzeugt. Damit lenken wir den Fokus in eine schöne Richtung. Es ist der Schlüssel zum persönlichen Erfolg.

Gehe in die Tiefe und suche zehn Situationen, worüber du dankbar bist. Oder schreibe über sechs Wochen ein Dankbarkeitstagebuch und beobachte bewusst, wie sich deine Sicht auf die Dinge verändert.

BESCHWERDEN
DANKBARKEIT
HÖRNDLER CONSULTING

RESPEKT
VERTRAUEN
WERTSCHÄTZUNG
ANERKENNUNG ....
BRINGT
KOSTET
HÖRNDLER
CONSULTING

Respekt für andere

Zugegebenermaßen fahre ich nicht so gerne einkaufen. Für manche Menschen ist Einkaufen eine Lieblingsbeschäftigung, für mich zählt es eher zu einer Belastung, die erledigt gehört. Im März 2016 raffte ich mich wieder einmal auf und bummelte durch ein Einkaufszentrum. Im Geschäft angekommen, war der Ärger sofort da. Es war Samstag und einiges los. Kein Verkäufer kam im gut besuchten Bekleidungsgeschäft auf mich zu. Mit Frust drehte ich mich bereits um und orientierte mich in Richtung Ausgang.

Dann kam plötzlich ein freundlicher Mitarbeiter auf mich zu und entschuldigte sich sogleich ohne Aufforderung. Heute sei die Hölle los, es täte ihm leid, dass er mir nicht sofort helfen konnte. Worte. Er bemühte sich sehr bei der anschließenden Beratung und ging auf meine Wünsche ein. Und so kaufte ich nicht nur einen Anzug, sondern auch ein Hemd und eine Krawatte. Mit Begeisterung verließ ich das Geschäft und bedankte mich noch vorher bei dem Verkäufer: „Vielen Dank für die blendenden Kleidungsempfehlungen." Er strahlte, lächelte und meinte, sein Tag sei jetzt gerettet.

Wenn jemand eine Sache exzellent erledigt, dann spreche ihm mit Freude eine Anerkennung aus. Es gibt auf der Welt keine Person, die sich nicht über empfangene Wertschätzung freut. Stell dir vor, wie Menschen sich fühlen, wenn sie sich für dich einsetzen und anstrengen, du es aber gar nicht wahrzunehmen scheinst. Schätze den Wert, den andere dir erbringen und zeige es den Mitmenschen.

Anerkennung kostet so wenig und bringt ...

6 SÄULEN FÜR EIN ERFOLGREICHES MITEINANDER
HÖRNDLER CONSULTING
TEAM
FREUNDE
FÜHRUNG
FAMILIE
KOMMUNIKATION
VERTRAUEN
TOLERANZ
SELBSTERKENNTNIS
OPTIMISMUS
HUMOR

Miteinander erfolgreich sein

Wenn wir ein Haus bauen, benötigen wir eine genaue Planung. Die Grundfeste, die tragenden Wände und Säulen werden eigens vom Statiker genau berechnet und geplant. Die einzelnen Teile müssen aufeinander abgestimmt sein und zusammenpassen. Das Haus muss in seiner Gesamtheit den Witterungen trotzen. Denn jeder noch so kleine Fehler kann großen Schaden anrichten.

Genau so ist das Zusammenwirken von Teilen in unserer Lebenswelt wichtig. Die Familie, Freunde, Arbeitskollegen und die Zusammenarbeit in anderen Teams sind die bedeutendsten Bereiche für das Leben. Sie bilden die oberste Etage des Hauses. Damit es nicht einstürzt, benötigen wir mehrere feste Pfeiler für ein erfolgreiches Miteinander. Jede Säule stellt eine wichtige Stütze dar und spielt eine tragende Rolle.

Kommunikation ist eine Säule, die für das Zusammenleben notwendig ist. Sie ist das wesentlichste Bindemittel zwischen den Menschen. Ist das Vertrauen untereinander einmal gebrochen, besteht die Einsturzgefahr. Wir leben in einer Welt, die viele Kulturen hat. Vorurteile zerstören das Vertrauen. Toleranz ist dabei ein wichtiger Träger. Mit Selbsterkenntnis hinterfragst du dich selbst und dein Handeln. Wie fügst du dich überhaupt im Team ein? Für das Miteinander sind Optimismus und Zuversicht essenziell. Humor gibt uns viel Kraft und Energie. Bringe andere zum Lachen, denn das verbindet Menschen.

Welchen Pfeiler willst du in deinem Leben verstärken?

63 Zeig dich versöhnlich

Zwei Hausbesitzer pflegen gute nachbarschaftliche Beziehungen. Eines Tages entstehen Diskussionen, weil einer der beiden einen neuen Zaun aufstellt. Der Nachbar ist über den Vorgang verärgert, weil er der Meinung ist, dass ihm seine Aussicht genommen wird. Es entfacht sich ein Streit hinsichtlich der Höhe und Länge des Zaunes. Unzählige Jahre haben sie sich beide gegenseitig unterstützt und geholfen. Nun eskaliert der Konflikt und der Fall kommt vor Gericht.

Jeden Tag steigern sich die beiden Kontrahenten zunehmend in diese Situation hinein. Gefolgt von Beleidigungen und Lügen, können sich beide nicht mehr in die Augen schauen. Der ganze Tag dreht sich nur um den Zaunstreit – bei beiden Kontrahenten. Das kostet Kraft, Zeit und eine Summe Geld. Die Folge: Letztlich leiden beide unter dem Streit. Was einst einmal eine gute Nachbarschaft war, hat sich wegen eines Zaunes zum Energieräuber entwickelt.

Wagt jemand den ersten Schritt zur Versöhnung oder bleiben sie ewig Feinde? Für eine bessere Zukunft ist es empfehlenswert, in ähnlichen Fällen mutig und entgegenkommend zu sein. Wer in den Positionen verharrt, vergibt jeden Lösungsweg. Um dich selbst besser zu fühlen, überlege daher einen Versöhnungsschritt. Bedenke: Wer nachtragend ist, hat eine schwere Last zu tragen. Wem es gelingt zu vergeben, lebt gesünder.

Stell dir folgende Fragen: Lohnt es sich, den Ärger auf sich zu nehmen? Wäre der erste Schritt von mir denkbar? Schaffe ich es, zu verzeihen und zu vergeben?

WER NACHTRAGEND IST, HAT EINE SCHWERE LAST ZU TRAGEN!
"KONFLIKT"
"LÜGE"
"UNVERSTÄNDNIS"
"FEHLER"
"BELEIDIGUNG"
"ANDERE MEINUNG"
"STREIT"
HÖRNDLER CONSULTING

64 Konstruktive Lernkultur

Es ist ein Flüchtigkeitsfehler passiert. Wer ist dafür verantwortlich? Es kommt zum Fingerzeig, er ist schuldig. Diese Vorgehensweise löst Angst aus. Der Beschuldigte schützt sich und sucht eine Ausrede. Was hängen bleibt, ist die tiefe Unzufriedenheit. Es nagt an seiner Persönlichkeit. Eine konstruktive Lernkultur sieht anders aus. Ausschlaggebend für die individuelle und berufliche Weiterentwicklung ist der richtige Umgang damit.

Es geht nicht darum, dass Fehler einfach ignoriert werden, sondern um eine ehrliche und positive Lernkultur. Entscheidend ist die Grundhaltung, die es den Menschen erlaubt, Fehler zu begehen, offen darüber zu sprechen und daraus zu lernen, ohne sich gleich vor Konsequenzen zu fürchten. Es geht vor allem darum, aus dem Fehler einen Lernerfolg zu erzielen. Ist das der Fall, freut sich der Mensch über den persönlichen Fortschritt. Seine Risikofreude wird sich in Zukunft erhöhen. Und er ist eher bereit, etwas Neues auszuprobieren.

Zwei unterschiedliche Ansätze und Wege. Jeder Mensch hat die Möglichkeit, einen Beitrag zu leisten, Fehlern konstruktiv statt destruktiv zu begegnen.

Nimm dir kurz Zeit und hinterfrage deine Vorgehensweise. Nach welchem Prinzip der Lernkultur lebst du?

LERNKULTUR
NEGATIV
FEHLER
DER WAR'S
DU → SCHULDIG!
ANGST
AUSREDE
TRAURIG
HÖRNDLER CONSULTING
KONSTRUKTIV
FREUDE
FORTSCHRITT
WICHTIG
VERÄNDERUNG
+ UMSETZUNG
WAS LERNEN
WIR DARAUS?
FEHLER

7.

Das Ding mit der Umsetzungsstärke

WIR BRAUCHEN NICHT MEHR ZEIT. WIR BRAUCHEN MEHR QUALITÄT UND BESSEREN FOKUS!
HÖRNDLER CONSULTING
FOKUS
QUALITÄT DER ZEIT!

Deine Zeit nutzen

Karl hetzt von einem Termin zum anderen. Es ist Mittag und ein genervter Kunde klagt, wieso er ihn nicht zurückrufe. Sein Telefon klingelt und sein Sohn fragt, ob er ihn rechtzeitig von der Schule abhole. Kaum ist Feierabend, wartet ein weiterer Termin. Er eilt zum Fußballtraining, duscht sich und fährt erledigt nach Hause. Frustriert plagen ihn seine Gedanken, dass sein Tag wieder mal zu kurz war.

Ein Tag hat vierundzwanzig Stunden, eintausendvierhundertvierzig Minuten oder sechsundachtzigtausendvierhundert Sekunden. Wir sehnen uns immer nach mehr Zeit, aber die Stundenanzahl steigt dennoch nicht. Daraus werden auch mit Geld keine fünfundzwanzig Stunden. In Wahrheit brauchen wir nicht mehr Zeit, sondern mehr Qualität und einen besseren Fokus auf die gewinnbringenden Sekunden des Lebens. Dafür sind wir selbst verantwortlich.

Führe eine dreißigminütige kreative Zone ein. Ziel dabei ist, alles auszuschalten, was dir Zeit nimmt und dich ablenkt. Weg vom Internet und Smartphone und völlige Konzentration auf die Aufgaben. Sofern du diese Regeln befolgst, erntest du große Produktivität. Konzentriere dich auf deine persönlichen Prioritäten und wie du deine Zeit am besten nutzt.

Was ist dir wichtig?
Wofür möchtest du dir bewusst Zeit nehmen?

WER MÖCHTE
VERÄNDERUNG?
WER MÖCHTE SICH
VERÄNDERN?
HÖRNDLER CONSULTING

Offen für Veränderung

66

Wenn wir die Welt mit den unterschiedlichsten Schwierigkeiten beobachten, ist der Ruf nach einem Wandel laut zu hören. Jeder Mensch wünscht sich eine Veränderung. Die zentrale Frage ist, bei wem die Veränderung anfängt. Bei einem selbst?

Am liebsten wäre es uns, dass sich der andere Mensch ändert. Es ist der einfachste und bequemste Weg. Wenn es uns betrifft, dann lassen wir die Dinge lieber so, wie sie sind. Es hat doch bisher alles reibungslos funktioniert. Veränderung ist der Sprung ins Ungewisse. Das löst Unsicherheit aus. Daher kommt der instinktive Impuls, die Veränderung bei sich selbst zu scheuen.

Der Rückblick auf die Geschichte macht aber leider schnell klar, dass es eine dauernde Beständigkeit nicht gibt, sondern Veränderungen zum Lauf des Lebens gehören. Auch dein Leben ist einem ständigen Wandel unterworfen – vom Baby bis ins hohe Alter. Dauernd sind wir auf Erden mit neuen Herausforderungen konfrontiert. Daher ist es im wahrsten Sinne lebensnotwendig, dass wir mit positiver Zuversicht in die Zukunft blicken. Veränderungen passieren ohnehin. Wir können uns ihnen verweigern oder uns mit ihnen verändern. Es ist unsere Entscheidung.

Unser eigenes Schicksal haben wir selbst in der Hand. Wir müssen unsere Verantwortung wahrnehmen. Veränderungen gelingen, wenn wir bereit sind, uns selbst zu verändern.

Sei mutig und offen, Neues auszuprobieren. Daran wirst du wachsen.

67 Die unsichtbaren Treiber des Erfolgs

Viele Menschen denken bei dem Wort »Erfolg« gerne an die oberste Treppe. Sie sind fasziniert von ersten Plätzen, von erreichten Statussymbolen und von steilen Karrieren nach oben. Was die meisten nicht wahrnehmen oder gerne vergessen wollen, ist der große unsichtbare Teil, der jedoch für den Erfolg maßgeblich ist. Der Weg an die Spitze erfordert viel Ausdauer, Tapferkeit und Mut. Auch Rückschläge, Tränen, Kritik, Spott, Enttäuschung, Zweifel, Disziplin oder Ablehnung können Wegbegleiter sein. Der Gipfelsturm ist nur ein winziger Abschnitt der gesamten Reise.

Was bedeutet nun Erfolg im Leben? Sind es tatsächlich nur die Siege und die sichtbaren Errungenschaften, die zählen? Ich habe bei vielen Gesprächen bemerkt, dass jeder Mensch andere Erfolgsgrößen und Ziele im Kopf hat. Wenn wir bei zehn Personen nachfragen, erhalten wir zehn verschiedene Rückmeldungen. Halte kurz inne und denke nach.

Was wäre deine Antwort?
Überlege und notiere dir eine Liste, was für dich in der Familie, im Beruf, im Sport und in der Freizeit exakt Erfolg bedeutet.
Und nun der spannendste Teil. Richte deine Aufmerksamkeit auf den unsichtbaren Teil. Bist du bereit, den Preis zu zahlen? Denn dieser gehört zu einer erfolgreichen Verwirklichung dazu.

HÖRNDLER CONSULTING
ERFOLG
1st
WAS GERNE VERGESSEN WIRD!
MUT
SPOTT
AUSDAUER
TUN
TRÄNEN
WISSEN
KRITIK
FEHLER
LEIDENSCHAFT
ENTTÄUSCHUNG
FLEISS
ZWEIFEL
ABLEHNUNG
UNSICHTBAR

68 Neue Woche – neue Chancen

Du liegst an einem Sonntag auf der Couch und Unruhe steigt langsam in dir auf, denn deine Gedanken gehen an die anstrengenden Situationen, die am nächsten Tag auf dich zukommen. Der Schlaf hält sich in Grenzen. Schwerfällig stehst du am Montag auf. Sofort hörst du aus dem Radio düstere Prognosen. Die Woche beginnt mit Stau und Verkehrsproblemen. Du lebst von Tag zu Tag und freust dich, dass am Mittwoch die Hälfte geschafft ist. Und dann ist er endlich da, der Freitag. Es ist der Start in eine schöne Zeit. Du fieberst gespannt dem Feierabend oder Wochenende entgegen. Dein Glücksempfinden steigert sich, bis der Sonntagabend wieder beginnt und damit startet der Kreislauf von vorne.

Doch jeder Tag kann ohne Vorurteile ein großartiger Tag im Leben sein. Egal, ob Montag, Mittwoch oder Samstag. Unser Leben findet immer statt. Es sind deine Erwartungen und deine Vorstellungen, die deine Stimmung und damit dein Leistungspotenzial bestimmen.

Versuche daher, den Montag positiv zu starten. Grüße am Morgen jemanden mit Begeisterung und lächle ihn an. Verbreite gute Laune und Stimmung. Schau, was passiert? Fokussiere die Gedanken auf die schönen und freudigen Ereignisse. Schaffe dir Momente, worüber du dich freust. Ist es der Spaziergang vor der Arbeit, das gemeinsame Mittagessen mit Kollegen oder der Kinobesuch mit Freunden?

Wie startest du nun in den nächsten Montag hinein? Sei gut zu dir und gib dem Montag eine Chance.

MONTAGSLIEBE
MONTAG IST DER START IN EINE NEUE, ERFOLGREICHE WOCHE MIT VIELEN ERLEBNISSEN!
HÖRNDLER CONSULTING
DURCHSTARTEN

MANCHMAL IST
IM KOPF
EIN
PROBLEM
VIEL
GRÖSSER
ALS IN DER
REALITÄT !
HÖRNDLER
CONSULTING
HERAUS-
FORDERUNG

Probleme nicht aufblasen

Du hast um 10 Uhr einen wichtigen Geschäftstermin, um einen neuen Kunden zu gewinnen. Du bist zeitlich knapp unterwegs und findest am Bahnhof nur schwer einen Parkplatz. Genau vor deinen Augen fährt dein Zug weg. Am Telefon sagst du deinem Kunden, dass du vierzig Minuten später ankommen wirst. Doch dieser ist enttäuscht und sagt den Termin ab, weil er nicht so lange warten möchte.

Du ärgerst dich den ganzen Tag, weil du wahrscheinlich ein Geschäft verloren hast. Was wird morgen der Chef dazu sagen? Du malst dir alle möglichen Horrorszenarien im Kopf aus. Es raubt dir den Schlaf und du verbringst eine unruhige Nacht.

Am nächsten Tag erfährst du, dass ein Freund von dir schlagartig ohne sichtbaren Grund gestürzt ist. In der Folge musste er ins Spital gebracht werden. Die Diagnose dazu ist noch ausständig. Innerhalb einer Sekunde wird dein Problem von gestern ziemlich klein und belanglos. Was ist schon ein Kundenauftrag im Vergleich zur Gesundheit?

Eine realistische Einschätzung von lösbaren Schwierigkeiten erleichtert nicht nur den Alltag, sondern auch unser Leben. Der Pessimist sieht überall ein großes Problem. Ein positiv denkender Mensch nimmt die Herausforderung an, die es zu meistern gilt.

Definiere das Problem. Betrachte es von allen Seiten. Was könnte das Positive daran sein? Überlege dir, welche Probleme du schon gemeistert hast? Was hat dir damals geholfen?

HÖRNDLER CONSULTING
LÖSUNGS-
ZIMMER

Das Lösungszimmer

70

Meinen Grundwehrdienst absolvierte ich als Zivildiener bei der Lebenshilfe im Nachbarort. Mit mir zusammen waren damals fünf Zivildiener in unserer Sektion tätig. An einem Montag erfuhren wir, dass einer von uns für einen Monat lang in Felixdorf benötigt wird. Keiner wollte dorthin, weil der Ort knapp zwei Stunden entfernt war. Jeder nannte natürlich einen glaubwürdigen Grund, warum er nicht fahren konnte. Auch ich wollte nicht der sein, der ins entfernte Felixdorf zu gehen hatte.

Wochenlang quälte mich der Gedanke, was wäre, wenn es mich doch treffen würde. Eine Lösung mit meinen Kollegen war weit entfernt. In dieser Phase der Unsicherheit setzte ich mich in mein Zimmer an den Tisch und probierte eine neue Methode aus, die ich selbst entwickelt hatte: Das Lösungszimmer. Dort notierte ich schriftlich alle Gedanken, die mir dazu einfielen. Das Besondere bei dieser Methode sind klare Spielregeln: Nur positive Gedanken und Lösungen sind erlaubt. Negatives wird nicht aufgeschrieben. Mithilfe des Lösungszimmerdenkens befreite ich mich von meinem Tunnelblick und erweiterte die Perspektiven. Und ich entdeckte entsprechende Vorteile für mich, und bin letztlich mit einem guten und neugierigen Gefühl nach Felixdorf gefahren.

Wenn du dich in einer ähnlichen Sachlage befindest, nutze diese Technik: Erstens: Gehe in einen Raum ohne Störungen. Dein Lösungszimmer. Zweitens: Notiere schriftlich, was an der kommenden Situation positiv ist.
Drittens: Überlege dir, wie eine mögliche Lösung aussehen könnte. Viertens: Sei kreativ und erweitere deinen Horizont.

71 Akzeptieren und umdenken hilft

Du fährst in den Urlaub und es fängt dort gleich zu Regen an. Jetzt gibt es eine Reihe von Möglichkeiten, wie du mit dieser Situation umgehst. Du ärgerst dich über das schlechte Wetter und haderst mit deinem Urlaub. Du fragst dich, wieso du überhaupt hier bist, zu Hause ist das Wetter doch so schön!

Allerdings kannst du den Umstand auch akzeptieren und ziehst die Regenjacke an. Ausgestattet mit einem Regenschirm, startest du eine kleine Wanderung rund um den See. Du genießt die frische Luft und das Urlaubsfeeling.

In der dritten Variante überlegst du dir ein Alternativprogramm. Du fährst in die Therme und erlebst einen entspannten Tag. Dabei lernst du eine neue Person kennen. Das Wetter ist oftmals nicht das Problem, sondern deine Sichtweise.

Angenommen, dein Keller ist aufgrund eines Unwetters vom Wasser überflutet. Selbst in dieser extremen Situation bleibt dir in Wahrheit nichts anderes übrig, als sie zu akzeptieren. Hadern und in die Opferrolle zu gehen, hilft nicht weiter. Besser ist, die Lage anzunehmen und deine Kräfte in Lösungen zu bündeln.

Denk daran: Nicht das Problem bereitet dir Schwierigkeiten, sondern es liegt an der Einstellung und an der Sichtweise. Akzeptiere und denke um.

Mo
MONTAG IST NICHT DAS PROBLEM.
JOB →
#HÖRNDLER CONSULTING
DER JOB IST NICHT DAS PROBLEM.
DAS WETTER IST NICHT DAS PROBLEM.
DAS TEAM IST NICHT DAS PROBLEM.
.....
MINDSET ?
IST DAS PROBLEM.

72 Mut zur Umsetzung

Stell dir vor, dein Job ist es, neue Kunden zu gewinnen. Du besuchst ein Seminar und lernst etwas Neues über Verkaufen. Dabei erfährst du interessante Dinge darüber, wie sich Menschen verhalten und über das Akquise-Geschäft. Doch am Arbeitsplatz angekommen, wendest du dein neues Wissen nicht an. Nur zur Sicherheit sagst du dir, arbeite ich noch eine Woche, so wie ich es gewohnt bin. Du fühlst dich unsicher und willst dir noch ein genaueres Konzept überlegen. Es vergeht eine Woche und du merkst, dass du noch immer nicht in die Umsetzung gekommen bist.

Im Laufe des Lebens eignen wir uns unzähliges Wissen an. Wir schöpfen unser komplettes Wissenspotenzial aber nur selten aus. Es scheitert an der Umsetzung. Das geht allen Menschen so, wenn sie ganz ehrlich zu sich selbst sind. Stell dir vor, du probierst das Gelernte aus. Im ersten Moment verlierst du vielleicht einen Teil deiner Sicherheit. Du erzielst manchmal einen Misserfolg. Aber sofern du nichts davon ausprobierst, ist alles Gelernte umsonst.

Der erste Schritt ist immer der schwerste. Der Kampf mit den Elementen des Unbewussten kostet immer Energie und bedarf einer Überwindung. Diese emotionale Investition in die Anwendung neuen Wissens macht sich aber bezahlt – die Rechnung geht auf. Kalkuliere dabei Rückschläge ein. Erfolg braucht fast immer mehrere Versuche.

Mach dir jetzt bewusst Gedanken darüber.
Wie viele Versuche zur Anwendung erlaubst du dir?
Wie viel besser wirst du, wenn du nicht in die Anwendung kommst?

MUT ZUR UMSETZUNG

	RÜCK-SCHLÄGE	ERFOLGE
VERSUCHEN TUN	~~IIII~~ ~~IIII~~ ~~IIII~~ III	IIII
NICHT VERSUCHEN KEINE UMSETZUNG	Ø	Ø

DIE RECHNUNG GEHT AUF!

HÖRNDLER CONSULTING

8.

Zukunft gestalten

AUS FEHLERN KÖNNEN WIR VIEL ÜBER UNS SELBST LERNEN. AUSSER, MAN GIBT LIEBER ANDEREN DIE SCHULD. DANN NICHT!
HÖRNDLER CONSULTING

Verantwortung übernehmen

Stell dir vor, ein Bergsteiger hat sich verirrt. Zweifel, Ärger und Angst helfen ihm in diesem Moment nicht weiter. Ausreden wie schlechtes Wetter oder die schlechte Beschilderung sind in dieser Situation ebenso wirkungslos. Am liebsten gibt der Mensch in seinem Leben bei Zwischenfällen immer anderen Menschen die Schuld. Das ist sehr beliebt, weil dies ein sehr bequemer Weg ist. Das geht am Berg aber nicht. In Wahrheit bleibt ihm nur eines übrig, die Verantwortung für sein Handeln zu übernehmen.

Eigenverantwortung ist eine Fähigkeit, die für die individuelle Reife und Entwicklung der Persönlichkeit von enormer Bedeutung ist. Wir haben nicht gelernt, sich mit uns selbst auseinanderzusetzen. Es ist einfacher, Gründe im Außen zu finden, warum etwas nicht klappt. Reflektiere daher mutig und ehrlich immer wieder deine Situation. Glaube mir, es ist der einzige Weg, um einen Fortschritt zu erzielen. Das ist unbequemer, aber nur so können wir unsere Selbstwirksamkeit verbessern. Es gibt übrigens einen angenehmen Nebeneffekt: Wenn wir Verantwortung übernehmen, kommen wir ins Handeln und fühlen uns nicht mehr machtlos dem Schicksal ausgeliefert. Menschen, die in hohem Maße Eigenverantwortung übernehmen, sind glücklicher und zufriedener. Es lohnt sich also nicht nur im Sinne des Fortschrittes.

Übernimm Verantwortung für dein Handeln, sonst vergeudest du kostbare Zeit und eine Fehlerwiederholung ist vorprogrammiert. Es kommt zum Stillstand statt Fortschritt.

WARUM PFLANZT DU DIESEN BAUM?
FÜR MICH!
DU WIRST JA NICHTS MEHR DAVON HABEN.
ER WIRD NOCH VIELEN MENSCHEN EINE FREUDE BEREITEN. UND DAS MACHT MICH GLÜCKLICH!
#HÖRNDLER CONSULTING

Warum pflanzt du einen Baum?

Wenn wir im Leben einen Baum pflanzen, vergehen unzählige Jahre, bis er ausgewachsen ist. Zum Wachstum benötigt er ausreichend Pflege und Liebe. Es dauert Generationen bis zur gänzlichen Entfaltung. Menschen pflanzen Bäume für die Zukunft, um etwas Bleibendes zu hinterlassen und weil sie über den Tageshorizont hinausblicken. Sie fokussieren sich nicht auf die momentane Arbeit, sondern die Freude über die vorgestellte Entwicklung überwiegt.

Denken wir an die Skifahrer, die vor dem Start stehen. Sie pflanzen sich im Vorfeld den Lauf vielversprechend im Kopf ein. Sie spielen das Rennen mehrmals durch, um sich mental auf die Strecke vorzubereiten. Angst hinsichtlich eines Ausscheidens, Probleme über das Material oder chaotische Zustände haben für den Erfolg keinen Platz.

Beide Geschichten haben eines gemeinsam: In ihnen schauen die Menschen über den Augenblick hinaus nach vorne. Sie bereiten sich zuversichtlich auf die Zukunft vor. Sie nehmen das Heft selbst in die Hand. Sie bringen sich in eine positive Stimmung.

Gestalte aktiv dein Leben und denke voraus. Nutze die Kraft der Gedanken. Stell dir die zukünftigen Situationen bildlich, mit möglichst vielen Sinnen und detailreich vor. Keine Angstbilder, sondern Momente, die antreiben.

Wenn du jetzt nach vorne denkst, was siehst du dann, welche Geräusche und Gefühle nimmst du wahr? Bringe dich in eine gute Stimmung.

75 Ein Erfolgstagebuch führen

Eine Führungskraft erzählt mir beim ersten Gespräch im Coaching, dass sie gerade sehr unzufrieden in ihrem Job sei. Den ganzen Tag erlebe der Manager immer wieder nur negative Momente und Streitigkeiten. Er habe laufend Probleme mit Kunden, Lieferanten und Kollegen. Sollte sich diese Situation nicht in kürzester Zeit ändern, werde er das Unternehmen verlassen.

Wir haben vereinbart, dass er für vier Wochen ein Erfolgstagebuch schreibt. Darin notiert er jeden Tag schriftlich nach der Arbeit zwei bis drei Erfolgserlebnisse und den heutigen Höhepunkt. Am Freitag musste der Manager noch einmal alles lesen. So kann er besser verstehen, was in der Woche gut gelaufen ist. Nach nur vier Wochen und konsequenter Umsetzung gibt es erste Veränderungen. Der Manager sieht wieder vermehrt seine Erfolgsmomente bei der Arbeit. Er legt den Fokus auf die positiven Elemente. Dies wiederum wirkt sich auf seine Zufriedenheit aus.

Das Erfolgstagebuch ist eine wirkungsvolle Technik. Lege bewusst das Smartphone und die Zeitung mit den negativen Schlagzeilen weg. Notiere dafür deine täglichen kleinen Erfolge. Nur wenige Minuten pro Tag genügen, um den Kopf wieder positiv zu stärken.

ERFOLGS-
TAGEBUCH
HÖRNDLER
CONSULTING

76 Wie wichtig bist du für dich?

Hast du heute schon eine hohe Investition getätigt? Wenn wir diese Frage im Alltag hören, denken wir sofort an die Finanzen, an das Geld oder an neue Anschaffungen, die wir in die Tat umgesetzt haben. In der Finanzwelt wird uns mit Werbung aufgezeigt, dass jeder Euro in einer angelegten Sparform das Potenzial hat, große Rendite zu erzielen.

Ob in der Schule, bei der Arbeit, in Vereinen oder in der Familie – wir sind laufend mit anderen Menschen konfrontiert. Das kostet uns Energie und Aufmerksamkeit. Vergiss nicht, in dich zu investieren. In der stressigen Zeit wird dies heute gerne vergessen. Denn jede Sekunde, in der du Zeitkapital in dich selbst anlegst, verbirgt sich Potenzial für ein erfolgreiches Leben. Letztlich steigert das deinen Selbstwert.

Nimm dir einen Abend bewusst Zeit nur für dich selbst und lies ein Buch. Gönne dir ein warmes Bad, damit dein Körper zur Ruhe kommt. Genieße ein Hörbuch und lass dich einfach berieseln. Verweile auf der Couch, leg das Smartphone für zwanzig Minuten weg und reflektiere über dich.

Wann hast du das letzte Mal etwas Gutes für deine Gesundheit getan?
Nimmst du dir ausreichend Zeit für dich selbst?

INVESTIERE
IN DEINE GESUNDHEIT
HÖRNDLER CONSULTING
IN DEINE WEITER-ENTWICKLUNG
IN DEINE PSYCHE
IN DICH SELBST

ZUKUNFT MIT
IHREN VIELEN
MÖGLICHKEITEN!
ZUKUNFT
ZUKUNFT
ZUKUNFT
ZUKUNFT
ZUKUNFT
VIELE
WEGE!
HEUTE
VERGANGENHEIT
IST
GESCHICHTE!
#
HÖRNDLER
CONSULTING

Deine Zukunft gestalten

Vor einem Monat bist du einen Marathon gelaufen und du bist heute noch über das nicht erreichte Ziel frustriert. Es beschäftigt dich Tag für Tag. – Gestern hattest du einen heftigen Streit mit einem Freund, der dich gedanklich belastet. – Du grübelst laufend über einen Fehler, der dir vorigen Freitag bei der Arbeit unterlaufen ist.

Solche oder ähnliche Situationen kennst du ausreichend. Die Vergangenheit ist Geschichte. Eine getroffene Entscheidung, die hinter uns liegt, ist erledigt und abgehakt. Sie kann nicht mehr rückgängig gemacht werden. Lerne lieber daraus.

Die Zukunft ist völlig offen und geheimnisvoll. Kein Mensch weiß, was morgen passiert. Ein kleiner Schritt in eine andere Richtung kann das komplette Leben verändern. Es gibt tausend unterschiedliche Wege und Möglichkeiten. Es ist jener Teil in unserem Leben, den wir ändern können. Nimm das Heft in die eigene Hand und gestalte deine Zukunft nach deinen Träumen.

Schreib deine eigene, persönliche Geschichte. Probiere neue Dinge aus. Entdecke faszinierende Erkenntnisse. Was ist dir an einer erfolgreichen Zukunft wichtig? Wo willst du in zwei bis drei Jahren sein? Es liegt an dir. Deine Zukunft kreierst du selbst!

Lesestoff

Christian Bischoff (2012): Machen Sie den positiven Unterschied. 15 Einstellungen, die Ihr Leben verändern. Draksel, Leipzig.

Ken Blanchard und Sheldon Bowles (2003): Gung Ho! Wie Sie jedes Team in Höchstform bringen. rororo, Hamburg.

James Clear (2020): Die 1%-Methode. Minimale Veränderung, maximale Wirkung. Mit kleinen Gewohnheiten jedes Ziel erreichen. Goldmann, München.

Wolfang Fasching (2010): Du schaffst was du willst. Colarama, Salzburg, Österreich.

Erhard F. Freitag (1982): Kraftzentrale Unterbewusstsein. Der Weg zum positiven Denken. Mosaik, München.

Spencer Johnson (2015): Die Mäuse-Strategie für Manager. Veränderungen erfolgreich begegnen. Ariston, München.

Johanna E. Kappel (2022): Positive Psychologie. Grübeln stoppen, Gelassenheit lernen und positiv Denken. Independently published.

Peter F. Kinauer (2006): Der Elefant im Kühlschrank. Machen Sie das Unmögliche möglich – und Träume wahr. mvg, München.

Nadine Roßa (2020): Sketchnotes. Die große Symbol-Bibliothek. Band 1 und 2. TOPP, Gerlingen.

Johannes Sauer (2023): Business-Symbole einfach zeichnen lernen. Die wichtigsten Motive für Flipchart und Whiteboard. managerSeminare, Bonn.

Sandra Schubert (2020): Happy Sales. Mit Motivation und Organisation zum Erfolg im Verkauf. Wiley, Weinheim.

Thomas Späth und Shi Yan Bao (2017): Shaolin – das Geheimnis der inneren Stärke. Gräfe und Unzer, München.

Alfons Stadlbauer (2008): Flipcharts for Business. Trauner, Linz, Österreich.

Paul Watzlawick (1983): Anleitung zum Unglücklichsein. Piper, München.